AF626716

ARCHE

Andreas Pflüger

HERZSCHLAGKINO

77 FILME FÜRS LEBEN

ARCHE

MIX
Papier | Fördert
gute Waldnutzung
FSC® C083411

ISBN 978-3-7160-0001-4

Originalausgabe
1. Auflage 2023
© 2023 Arche Literatur Verlag,
ein Imprint der Atrium Verlag AG, Zürich
Alle Rechte vorbehalten
Gesetzt aus der Cardea und der Rift Soft
Satz: fuxbux, Berlin
Druck und Bindung: CPI books GmbH, Leck
Umschlaggestaltung: Diek Design / Sarah Hensmann, Jemgum
Umschlagabbildung: Eliyah Reygaerts, Unsplash

www.arche-verlag.com
Facebook: ArcheVerlag
Instagram: arche_verlag

But the dark does die
as the curtain is drawn
And somebody's eyes
must meet the dawn

BOB DYLAN,
Restless Farewell

INHALT

AUFBLENDE FÜR EINE LOVESTORY

Todesgrüße aus Shanghai mit Bruce Lee. Das war der erste Film, den ich in einem Kino sah. Ich war sechzehn, oder fast, und als in den Saar-Theater-Lichtspielen das Licht wieder anging, war ich kein Junge mehr, sondern ein brandgefährlicher Kerl; jedenfalls fühlte ich mich so. Damals wusste ich noch nicht, dass ich dreißig Jahre lang Drehbücher schreiben würde. Eine Filmakademie habe ich nie von innen gesehen. Das Kino war meine Schule, besonders das amerikanische. Wenn der Vorhang aufgeht, will ich überwältigt werden, vom Sound, der Musik, von Bildern zu groß für die Leinwand. So ist aus mir ein Hollywood-Junkie geworden; fürs gepflegte Kammerspiel bin ich verloren. Als Drehbuchautor konnte ich das nie ausleben. Aber vom ersten Satz meines ersten Romans an wollte ich das Publikum in mein Kopfkino entführen und dasselbe mit ihm machen, was Cinemascope mit mir anstellt.

UHRWERK ORANGE

1971

Es gibt einige wenige Filme, bei denen ich sagen kann: Ich erinnere mich an den Tag, an dem ich sie zum ersten Mal gesehen habe, wie an den Tag, an dem ich mich zum ersten Mal verliebte, den Tag, an dem ich aus meinem Heimatdorf fortging, den Tag, an dem ich meinen ersten Autorenvertrag unterschrieb. Bei *Uhrwerk Orange* war ich noch keine siebzehn. Auf dem Gymnasium die üblichen Katastrophen, ich wusste, ich würde zum zweiten Mal sitzenbleiben. Angst machte es mir nicht; dass ich Autor werden würde, stand ja fest, seit ich mit acht Jahren Geschichten geschrieben und sie für fünfzig Pfennige im Familienkreis verkauft hatte. Merke: Wenn du keinen Sinn für den Wert deiner Worte besitzt, wirst du als Autor einen Sack voll Probleme bekommen. 1974 stellte ich mir vor, wie Kerouac zu reisen, sämtliche Drogen dieser Welt zu probieren und dabei Miles Davis zu hören. Dass Schreiben auch nur ansatzweise mit Arbeit zu tun haben könnte, wäre mir damals nicht in den Sinn gekommen. *Orange* lief im Saarbrücker Scala; das nennt sich heute Camera zwo. Es war Ende März, noch kalt, aber die Tage wurden schon länger. Ich war in ein Mädchen verliebt, das ich nicht haben konnte, und fühlte mich verloren wie Batman in einer dunklen Nacht in Gotham City. Nachmittags lief ich am Fluss entlang. Er stand schon bis knapp unter die Stadtautobahn, unser Hochwasser kam wie jedes Jahr mit der Schneeschmelze aus den Vogesen. Es regnete steif und steil, die Luft roch nach Braunkohle. Vor dem Kino stand ein Bettler, an dem ich achtlos vorbeiging. Die Frau, die mir das Ticket verkauft hat, trug hässliche Ohrringe; auf ihren Fingernägeln war der Lack abgeplatzt. Später saß ich wieder am Fluss, irgendwo Lichter und doch nirgends. Ob am Himmel Sterne waren, weiß ich nicht mehr. Ich sah immer noch diese Augen von Alex, ein Blick wie ein Schrei.

UHRWERK ORANGE (A CLOCKWORK ORANGE)
Regie: Stanley Kubrick · Drehbuch: Stanley Kubrick · Literarische Vorlage: Anthony Burgess · Kamera: John Alcott · Musik: Wendy Carlos · Schnitt: Bill Butler · Produktion: Stanley Kubrick

BLADE RUNNER

1982

Träumen Androiden von elektrischen Schafen? So hieß die Romanvorlage von Philip K. Dick. Ein guter Plot, aber luschig geschrieben: also perfekt für eine Verfilmung. In der Tat beherrschten Scott und die beiden Drehbuchautoren Fancher und Peoples die Kunst, Schwarzbrot in ein Croissant zu verwandeln. Heute möchte man kaum glauben, dass *Blade Runner* damals bei den Rezensenten grandios durchfiel und zum Kassenflop wurde. Ein Science-Fiction-Film noir mit einer an Chandlers Marlowe erinnernden Hauptfigur: Das war 1982 zu düster, zu rätselhaft, zu gewagt und seiner Zeit so weit voraus, dass es für die Kritiker einfacher war, *Blade Runner* in die Tonne zu treten als zu verstehen. Aber die Ewigkeit schert sich nicht um Rezensionen. Im Gegensatz etwa zu Melville und seinem vernichtend verrissenen *Moby Dick* haben die Macher ihren Erfolg wenigstens noch erlebt. Ganz recht, bei diesem Vergleich zucke ich nicht.

Blade Runner entstand zwar im Pleistozän des Digitalzeitalters, ist jedoch noch immer wie ein greller Sonnenstrahl, der dich aus tiefem Schlaf reißt. Die Musik von Vangelis; Homers Sirenen können nicht betörender geklungen haben. Bis zum heutigen Tag sind die Bilder so stark und aufregend, als wären sie uns gerade erst auf die Netzhaut gebrannt worden.

»Ich habe Dinge gesehen, die ihr Menschen nicht glauben würdet«, sagt der sterbende Replikant Roy Batty. »Brennende Schlachtschiffe, draußen vor der Schulter des Orion. Ich erblickte C-Beams, glitzernd im Dunkeln, nahe dem Tannhäuser Tor. All diese Momente werden verloren sein in der Zeit wie Tränen im Regen.«

Diesen Augenblick muss man in einem Atemzug mit der Glaskugel nennen, die Charles Foster Kane aus der Hand fällt; dem Schatten von Max Schreck in *Nosferatu*.

BLADE RUNNER

Regie: Ridley Scott · Drehbuch: Hampton Fancher, David Webb Peoples · Literarische Vorlage: Philip K. Dick · Kamera: Jordan Cronenweth · Musik: Vangelis · Schnitt: Terry Rawlings · Produktion: Michael Deeley

AMADEUS

1984

Wie oft ich den Film gesehen habe! Etwas in- und auswendig zu kennen und immer wieder neu zu entdecken: Das ist Magie.
Vor dem ersten Mal könnte man Mozarts Briefe an das Bäsle lesen. Er schrieb ihr Schweinereien wie die: *Ich küsse Ihnen das Gesicht, Nase, Mund, Hals und Arsch – wenn er sauber ist. Bin wie allzeit der alte junge Sauschwanz.*
»Der Leichnam in uns wächst«, sagte der späte Max Frisch; beneidenswert, wer niemals darüber nachdenkt. Mozart ahnte, dass er jung sterben würde. Das katapultierte seine Produktivität auf Mach 2, danke für dieses Geschenk.
War es zwischen ihm und Antonio Salieri wie im Film? Gewiss nicht. Salieri war erfolgreicher und besaß das Wohlwollen von Kaiser Joseph II. Über den nur wenige Jahre jüngeren Mozart urteilte er so lobend, dass dessen Hühnerbrust anschwoll, wie wir aus den Briefen wissen. Weder hat Salieri,

gar hinter einer Maske verborgen, bei dem schon moribunden Salzburger dessen eigenes Requiem bestellt, noch saß er an seinem Totenbett. Auch ein Popstar war Mozart nicht. Seine Porträtmaler verstanden sich aufs Weichzeichnen, über seine Pockennarben zerriss man sich die Mäuler. Aber in einem Film wird jeder Mensch zwangsläufig zu einer Erfindung. Tom Hulce spielt den infantilen Faun als Tänzer auf einer straffen Cembalosaite. Und bei F. Murray Abraham meint man, Luzifer persönlich hätte ihn gecastet.
Als der quietschfidele Kaiser, ein unerschrockener Hobbymusiker, zum ersten Mal Musik von Mozart gehört hat, kramt er nach Worten, um schließlich zu befinden: »Zu viele Noten.« Salieri steht neben Joseph. Seine Miene ist unbewegt, doch Abraham macht uns glauben, dass er still lächelt. So geht wahre Schauspielkunst: im richtigen Augenblick nichts tun.

AMADEUS

Regie: Miloš Forman · Drehbuch: Peter Shaffer · Literarische Vorlage: Peter Shaffer · Kamera: Miroslav Ondříček · Musik: Mozart · Schnitt: Michael Chandler, Nena Danevic · Produktion: Saul Zaentz

BLUE VELVET

1986

Ein Beginn in Zeitlupe, kitschige Bonbonfarben. Propere Feuerwehrmänner gleiten an uns vorbei, winkend. Schulkinder, scheinbar wohlbehütet. Häuser mit Vorgärten wie in einem Gemälde von Norman Rockwell. In Kleinstädten wie dieser hat die Polizei es höchstens mit Ampelsündern zu tun, manchmal mit einem Fahrraddieb. Dann fasst sich ein Mann, der eben noch seinen Rasen bewässert hat, ans Herz, und die Kamera gräbt sich unter die Oberfläche, dringt in die Welt unter dem Gras ein, wo Insekten und Käfer ums Überleben kämpfen. David Lynch macht uns sofort klar, dass sein Film eine ganz neue Wirklichkeit erschafft, uns in eine Geschichte führt, die der Logik von Träumen folgt. Und bald der Logik von Albträumen. Statt uns bei der Hand zu nehmen, gibt Lynch uns einen Stoß, der uns zwei atemlose Stunden lang durch dieses Schmerzlabyrinth taumeln lässt. Und nicht einmal für die Dauer eines Wimpernschlags besitzen wir

den Trost, dass es in diesem Universum so etwas wie Glück gibt, Gerechtigkeit, Erlösung. Der Film ist ein surrealistisches Meisterwerk; Dalí, Breton oder Buñuel hätten gemordet, um das Drehbuch schreiben zu dürfen.
Manche Filme verdrehen dir von der Aufblende an den Kopf. Du verknallst dich, mit Herzklopfen bis zum Hals, als wäre es das erste Mal mit fünfzehn. Die allerbesten geben dir dieses Gefühl jedes Mal, wenn du sie siehst. Bei anderen wird dir heiß und kalt, und du verstehst es nicht. Ein solcher Film ist *Blue Velvet*. Vieles widert, ja ekelt mich an. Wenn Dennis Hopper in seine Sauerstoffmaske giert, ein Junkie, dessen Stoff die Angst von Frauen ist, will ich wegsehen, kann aber nicht. Kino heißt auch: den Schrecken aushalten. Ich wehre mich gegen Geschichten, die mich ohne Hoffnung entlassen. Aber hier bin ich still und falle durch die Bilder wie ein Stein.

BLUE VELVET
Regie: David Lynch · Drehbuch: David Lynch · Kamera: Frederick Elmes · Musik: Angelo Badalamenti · Schnitt: Duwayne Dunham · Produktion: Fred C. Caruso

DIVA

1981

»Sieh her«, sagt Gorodish zu Jules, während er ein Baguette bestreicht. »Es gibt kein Messer mehr, keine Butter, kein Brot. Nur noch eine Geste, die sich wiederholt. Eine Bewegung. Raum, Leere. Die Kunst des Zen beim Butterbrot.«
Der Film ist gleichzeitig kühl und leidenschaftlich, das ist sehr, sehr rar. Und so extrem stylish; allein dieses Auto, ein Citroën Traction Avant, beinahe schmerzhaft elegant, man möchte darin sterben.
Aber hey, das waren die Achtziger, wo man auf Rollschuhen durch Fabriketagen cruiste und die Männer Jacketts mit Schulterpolster trugen und es das Tausend-Teile-Puzzle einer Monsterwelle gab, über der eine einsame Möwe schwerelos driftete. Und die meisten Frauen waren geschminkt wie Debbie Harry.
Aber dann Erik Satie und dieser Sonnenaufgang im Nieselregen unter dem Arc de Triomphe, Jules und Cynthia, zwei Träumer, die ahnen, dass sie

sich lieben, es jedoch noch nicht wissen. Wenn in dem Theater die Musik anhebt und Wilhelmenia Fernandez die Arie *Ebben? Ne andrò lontana* aus der Oper *La Wally* von Catalani singt, treibt es mir die Tränen in die Augen, jedes Mal.
Die besten Filme verändern uns; mitunter sofort, manchmal erst Monate, sogar Jahre später, wenn uns plötzlich, vielleicht durch einen Satz, ein Bild, eine Zeile in einem Roman, das Lächeln einer Frau in einem Café, bewusst wird, was damals im Kino mit uns geschehen ist. Dieser Film hat mich vom reinen Rockfan zu einem Opernliebhaber werden lassen. Wenn ich Dialoge schreibe und sie dabei mitspreche, höre ich am liebsten Fleetwood Mac, Led Zeppelin, Janis Joplin, die Stones, Wishbone Ash, so laut, dass meine Stimme darin untergeht und ich nichts als den Rhythmus spüre. Aber bei Actionsequenzen brauche ich Catalani, Puccini, Verdi. Denn was wäre Action ohne Poesie?

DIVA

Regie: Jean-Jacques Beineix · Drehbuch: Jean-Jacques Beineix, Jean van Hamme · Literarische Vorlage: Daniel Odier · Kamera: Philippe Rousselot · Musik: Vladimir Cosma, Alfredo Catalani, Charles Gounod · Schnitt: Monique Prim, Marie-Josèphe Yoyotte · Produktion: Irène Silberman, Serge Silberman

CAPOTE

2005

Truman Capote war der vermutlich größte Stilist in der amerikanischen Literatur des zwanzigsten Jahrhunderts. Okay, streichen wir »vermutlich«. Er hatte sich mit *Andere Stimmen, andere Räume*, *Die Grasharfe* und *Frühstück bei Tiffany* bereits einen Namen gemacht, als er verkündete, einen Tatsachenroman über die bestialische Ermordung der Familie Clutter zu schreiben, geschehen im Herbst 1959 auf deren Anwesen in Kansas. Die beiden Täter erbeuteten vierzig Dollar, wurden gefasst, zum Tod durch den Strang verurteilt und fünf Jahre später hingerichtet. Capotes Agent soll frühmorgens zum Schnaps gegriffen haben. Aber wenn man als Autor bei der Wahl eines Stoffes auf irgendjemand hört, sollte man sich einen anderen Beruf suchen. Formal gesehen handelt dieser Film von Capotes Rechercheреise für seinen späteren Roman. Selbstredend steckt das nur den dürftigen Handlungsrahmen ab. Er ist vielmehr der Versuch, einer Künstlerpersönlichkeit gerecht zu werden, die so schillerte, dass Liberace dagegen eine graue Maus war. Recht großmäulig für ein Regiedebüt, in dem Fall das von Bennett Miller. Bravo, Kunst kommt ja auch von Trauen. Truman Capote war witzig und peinlich, klug, brillant und erbärmlich. Wie hätte man Philip Seymour Hoffman *nicht* die Hauptrolle geben können? Oder anders gefragt: Wer hätte Capote spielen können außer ihm? Der Mann brachte selbst die Kamera zum Näseln – darf man das sagen? Capote fehlte eine Mitte, wie allen Manisch-Depressiven. Folgerichtig vollführt Hoffman mit seiner Figur einen virtuosen Spagat zwischen Großkotz und Jammerlappen. In seinen schlimmsten Momenten war Capote ein richtiges Stück Scheiße, in seinen besten schrieb er Sätze wie die: *Ich war elf, und später wurde ich sechzehn. Verdienste erwarb ich mir keine, aber das waren die wunderbaren Jahre.*

CAPOTE

Regie: Bennett Miller · Drehbuch: Dan Futterman · Literarische Vorlage: Gerald Clarke · Kamera: Adam Kimmel · Musik: Mychael Danna · Schnitt: Christopher Tellefsen · Produktion: Caroline Baron, Michael Ohoven, William Vince

APOCALYPSE NOW

1979

Drei Kultregisseure haben sich an der Verfilmung dieses Stoffes versucht, und sicherlich ist es kein Zufall, dass jeder von ihnen gewusst hat, wie sich Obsession buchstabiert. Orson Welles scheiterte bereits an der Finanzierung; es blieb bei seinem hundertvierundsiebzig Seiten langen Drehbuch. Werner Herzog errichtete mit *Aguirre, der Zorn Gottes* Kinskis Wahnsinn ein Denkmal. Doch erst Francis Ford Coppola gelang es, Joseph Conrads Text so in die Leinwand zu stanzen, dass alle großen Sätze sich in den Bildern finden.
Zum ersten Mal sah ich *Apocalypse Now* in einem abgerockten Brüsseler Bahnhofskino, als ich mit Interrail, Rucksack und Zelt auf dem Weg nach England war. Danach versuchte ich, die Zigarette genauso zu halten wie Martin Sheen. Verstanden habe ich den Film erst später.
Den Soundtrack liefern die Bands meiner Jugend. All die tollen Songs über Liebe, Freiheit, Rebellion,

Frieden. In *Apocalypse Now* sind sie das Richtige im Falschen, ein Aufputschmittel für Highschool-Rotzlöffel, die nichts vom Leben wissen und zum Tod werden. Was den Film derart wichtig macht, so monumental und ikonografisch, ist vielleicht, dass Coppola sich nicht damit begnügt, Krieg als eine Abfolge von immer schrecklicher werdenden Geschehnissen abzubilden, obwohl er sie zeigt. Der Napalmangriff, den Kilgore mit dem Stetson im Nacken und der Hundemarke auf der nackten Brust befiehlt, das Niedermetzeln vietnamesischer Frauen und Kinder auf dem Boot, das Blutbad auf der Do-Lung-Brücke, *I Can't Get No Satisfaction.* Das ist jedoch nicht das eigentliche Grauen. Nein, es ist die langsame Reise in den Kaninchenbau der menschlichen Seele, dorthin, wo unsere Fähigkeit, all dies zu tun, sich eingenistet hat. Das Böse, ein Parasit. Manchmal ist es gleißend hell im Herz der Finsternis.

APOCALYPSE NOW

Regie: Francis Ford Coppola • Drehbuch: Francis Ford Coppola, John Milius • Literarische Vorlage: Joseph Conrad • Kamera: Vittorio Storaro • Musik: Carmine Coppola • Schnitt: Lisa Fruchtman, Gerald B. Greenberg, Walter Murch, Richard Marks • Produktion: Francis Ford Coppola, Fred Roos, Gray Frederickson, Tom Sternberg

MISS DAISY UND IHR CHAUFFEUR

1989

Eine weiße Oberschichtsdame und ein schwarzer Analphabet finden in den Südstaaten zusammen. Sie lehrt ihn das Lesen und er sie, die Augen zu öffnen. Manche Kritiker warfen dem Film vor, er würde zu sehr auf Emotionen setzen, statt Schwarz und Weiß zum Hauptthema zu machen. Sie haben nicht verstanden, dass er von Mitgefühl handelt, von Freundschaft, dem Altwerden in Würde. Von diesen tausend kleinen Dingen, die uns vor der Einsamkeit bewahren, im Schmerz trösten. Stille genießen, eine Hand halten, zusammen lachen, ein gutes Sandwich teilen. Wer damit nichts anfangen kann, soll *Mississippi Burning* gucken.
Meine Miss-Daisy-Premiere war in Saarbrücken; ich ging gemeinsam mit meiner Mutter hinein. Sie war erst das dritte Mal in einem Kinosaal, nach *The Day After* und *Das Dschungelbuch*. Mein Vater ist ein ernster Mann, lakonisch, aber von meiner Mutter habe ich meinen Humor. Sie hat es geliebt,

Witze zu erzählen, Anekdoten über Geschehnisse im Dorf; verstand es, eine Pointe zu setzen. Jahre nach diesem Kinobesuch starb sie, noch nicht alt. Ein Sekundentod, ihr Herz. Es traf mich sehr, auch weil wir uns bei meinem letzten Saarlandbesuch gestritten hatten und ich im Unguten zurück nach Berlin gefahren war. Damals habe ich begriffen, was es heißt, sich von einem geliebten Menschen nicht verabschieden zu können. Anders als Miss Daisy und ihr Chauffeur Hoke verstanden meine Mutter und ich uns nicht darauf, ganz ohne Worte auszukommen und dennoch alles auszusprechen. Auch so kann man dem anderen sagen, was er für einen ist.
Ach ja: Im zarten Alter von zweiundachtzig Jahren ist Jessica Tandy vom *People Magazine* zu einem der fünfzig schönsten Menschen der Welt gewählt worden. Das war selbstverständlich lächerlich. Sie hätte mindestens in die Top Five gehört.

MISS DAISY UND IHR CHAUFFEUR (DRIVING MISS DAISY)
Regie: Bruce Beresford · Drehbuch: Alfred Uhry · Literarische Vorlage: Alfred Uhry · Kamera: Peter James · Musik: Hans Zimmer · Schnitt: Mark Warner · Produktion: Lili Fini Zanuck, Richard D. Zanuck

CHINATOWN

1974

Die Siebziger waren auch fürs Kino ein Jahrzehnt der Befreiung. Die Filmsprache explodierte, die Geschichten wurden härter, wilder, schmutziger. Und es gab diese rotzige, aufgemotzte Eleganz wie in *Chinatown*. Jack Nicholson watet im Los Angeles der Dreißiger durch einen Sumpf von Korruption und Gier. Es ist die Renaissance der Schwarzen Serie; die Figur des Privatdetektivs Gittes könnte auch von Spillane, Cain, Hammett oder Chandler stammen. In der ersten Viertelstunde ist er noch ein Stutzer, unangenehm geleckt, einer, dem kein Auftrag zu schmierig, kein Herrenwitz zu peinlich ist. Selbst Gittes' Stimme klingt wie mit Pomade gefettet. Ich erinnere mich, irgendwann in einer Rezension gelesen zu haben, dass man Nicholson erst erkennt, nachdem ihm (von Polański himself, in einer cool hingetänzelten Nebenrolle) die Nase aufgeschlitzt wurde und Gittes diesen monströsen Verband verpasst bekommt. Ein kluger Gedanke.

Nicholson ist in jedem Film versehrt, gezeichnet. Innerlich oder äußerlich. Hier ist es neben dieser Messerwunde auch das Trauma Chinatown, Gittes' Schicksalsort.
Es ist nicht möglich, über den Film zu schreiben, ohne Faye Dunaway zu erwähnen. Wie sie die Femme fatale spielt, so kalt wie frischer Reif am Morgen, ist ein Ereignis. Gittes schaut ihr in die Augen und bemerkt, dass sie einen Fehler in der Iris hat. Schaut bis in ihre Seele. »Sie ist meine Schwester ... meine Tochter ... meine Schwester ... meine Tochter.« Autor Robert Towne, der schon mit *Bonnie and Clyde* gezeigt hatte, dass er übers Wasser gehen konnte, brauchte nur eine Minute, um den Schmerz dieser Frau freizulegen.
Übrigens hatte er ein Happy End im Script stehen. Doch Polański sah es anders und setzte sich durch. Das beweist, dass Regisseure klüger als Autoren sein können. Manchmal jedenfalls.

CHINATOWN
Regie: Roman Polański • Drehbuch: Robert Towne • Kamera: John A. Alonzo • Musik: Jerry Goldsmith • Schnitt: Sam O'Steen • Produktion: Robert Evans

FARGO

1996

Als ich mit Murmel Clausen den *Tatort Weimar* erfunden habe, bildeten wir am Anfang eine Art Zwangsgemeinschaft; es war keine Liebesheirat. Das ganze Projekt war in einer Sackgasse. Man gab uns eine Woche, um eine Geschichte für den Pilotfilm zu entwickeln, und weitere drei für die erste Drehbuchfassung. An sowas können selbst eingespielte Autorenteams zerbrechen. Und wir beide hatten uns nicht einmal gekannt, bis man uns in ein Produktionszimmer sperrte. Damals hätte keiner einen Pfifferling auf uns gesetzt. Als die erste Fassung stand, teilte man uns mit, dass die Hauptdarstellerin bei Drehbeginn sichtbar schwanger sein würde und wir alles noch einmal auf den Kopf stellen mussten. An diesem Abend waren Murmel und ich einen trinken. Oder zwei. Wir haben uns gegenseitig gesteckt, was wir am anderen nicht mochten. So fangen die größten Freundschaften an.

Irgendwann in den folgenden Wochen merkten wir, dass wir unsere Gehirne ganz nach Belieben miteinander tauschen konnten. Und so wurde es ein sechsjähriger Trip auf die absurde Seite des Menschlichen. Wir schmissen Philosophie und Kalauer, Poesie und Nonsens wild durcheinander; bei uns fand sich das Schlaue direkt neben dem Doofen, oftmals im selben Satz. Weil wir wussten: Auch das Doofe kann wahr sein. Oder am Ende wahr werden. Bis zu den Ellbogen wühlten wir in den Schatzkisten der Geistes-, Kunst-, Literatur- und Filmgeschichte.

Fargo liegt dort nicht zuunterst, ein Film mit einer schwangeren Polizistin als Hauptfigur. Was ich an den Coens am meisten schätze, ist, wie saucool sie die Geschichten von Losern erzählen, ohne sich je über sie zu erheben. Ein Autor muss seine Figuren lieben, alle, sonst sind sie so lebendig wie Insekten in einer Klebefalle.

FARGO

Regie: Joel Coen • Drehbuch: Ethan Coen, Joel Coen • Kamera: Roger Deakins • Musik: Carter Burwell • Schnitt: Ethan Coen, Joel Coen • Produktion: Ethan Coen

THE BLUES BROTHERS

1980

Was Menschen machen, wenn sie einen richtigen Scheißtag hatten, ist natürlich unterschiedlich. Manche laufen um das nächste Gewässer, bis ihr Pulsmesser explodiert, andere flennen in einer Bar wildfremden Menschen das Hemd nass. Was mich angeht: Ich gucke die *Blues Brothers*. So drei oder vier Mal im Jahr. Spätestens, wenn die Nazis mit dem Auto auf der Brücke abheben und sich zu Wagners Walküre nach Walhall aufmachen, klopft es an der Wand, weil es dann ein bisschen lauter wird. Dass das Böse fliegen kann, wissen wir seit *Dracula*, nichts Neues so weit. Doch als Feel-Good-Movie können nur die *Rocky Horror Picture Show* und *Singin' in the Rain* mit dem Film konkurrieren. Ja, gut, noch *Little Shop of Horrors*. Die gucke ich an den anderen Scheißtagen.
Die Musik, wow. Hier wird die Teppichetage des Rhythm and Blues aufgeboten, von James Brown über Ray Charles bis John Lee Hooker.

Doch eine Frau überstrahlt selbst sie noch: Aretha Franklin. Ich nehme an, dass es keinen lebenden Menschen gibt, der noch nie einen Song von ihr gehört hat. Und wenn doch, müsste er nur sehen, wie die Queen of Soul hier ihr *Think* röhrt und mit fetttriefender Küchenschürze durchs Diner tanzt. Die Frau war eine Naturgewalt, ein Wirbelsturm auf zwei Beinen. Es ist schwer zu glauben, dass sie panische Flugangst hatte und darum nie in Europa aufgetreten ist. Zu einem Konzert von ihr wäre ich barfuß gepilgert.

Notabene: Im Zentralorgan des Heiligen Stuhls, *L'Osservatore Romano*, wurde *The Blues Brothers* 2010 als *katholischer Klassiker* bezeichnet. Wenn man mich fragt: Jake und Elwood waren zwar im Auftrag des Herrn unterwegs, aber den Petersdom hätten sie vermutlich in Schutt und Asche gelegt. Überhaupt: Was ist das für ein Gott, der Aretha Franklin sterben lässt?

THE BLUES BROTHERS

Regie: John Landis • Drehbuch: Dan Aykroyd, John Landis • Kamera: Stephen M. Katz • Musik: Ira Newborn, Elmer Bernstein • Schnitt: George Folsey jr. • Produktion: Robert K. Weiss, Bernie Brillstein, George Folsey jr.

DAS SCHWEIGEN DER LÄMMER

1991

Schau auf mich herunter, und du siehst einen Narren.
Schau zu mir herauf, und du siehst einen Gott.
Schau mich richtig an, und du siehst dich selbst.

CHARLES MANSON

Eine FBI-Anwärterin jagt einen Serienkiller. Aus so einem Setting werden heutzutage Billigserien zusammengeschustert. Bisschen Grusel, bisschen Sex, Profilerinnen, die wie Insta-Influencerinnen aussehen. Menschliche Abgründe als Smoothie und dazwischen Reklame für Fingernagelglitzer. Aber Harris und Demme, dieser Film, das war eine Tiefseetauchfahrt in den Marianengraben der menschlichen Vorstellungskraft. Das Psychoduell zwischen Clarice Starling und Hannibal Lecter hat unzählige Autoren inspiriert. Indes: Damit ist es wie mit der Acherontia-Larve, die Buffalo Bill im Mund seiner Opfer platziert hat. Es könnte etwas

Wunderschönes daraus entstehen, aber bei den meisten Nachahmern dieses Stoffes wurde es kein Schmetterling, sondern eine Motte.
Meiner Meinung nach sollte man sich sowohl den Leser als auch den Zuschauer beim Schreiben und Inszenieren von Action als Schraube vorstellen. Man hält den Akkuschrauber in der Hand und jagt das Publikum mit Hochdruck in die Wand.
So hat Jonathan Demme es gemacht.
Menschen, die man auf *Das Schweigen der Lämmer* anspricht, erweisen sich als robuste Connaisseurs, indem sie süffig zitieren: »Ich aß seine Leber zu ein paar Saubohnen und einem guten Chianti.« Ich für meinen Teil goutiere Lecters Abschiedsworte an Starling noch etwas mehr. Allerdings muss man sie im Original genießen, da sie sich nicht sinnhaft übersetzen lassen.
»I do wish we could chat longer, but I'm having an old friend for dinner.«

DAS SCHWEIGEN DER LÄMMER (THE SILENCE OF THE LAMBS)
Regie: Jonathan Demme · Drehbuch: Ted Tally · Literarische Vorlage: Thomas Harris · Kamera: Tak Fujimoto · Musik: Howard Shore · Schnitt: Craig McKay · Produktion: Edward Saxon, Kenneth Utt, Ron Bozman

DAS MÄDCHEN MIT DEM PERLENOHRRING

2003

Die junge Griet wird Hausmagd bei Jan Vermeer in Delft; ein schüchternes, verhuschtes Ding, doch gescheit und von stiller Anmut, was dem bereits arrivierten Maler auffällt und ihn dazu veranlasst, sie seine Farben anmischen zu lassen. Eines Tages wird er von einem wohlhabenden Geschäftsmann gebeten, Griet zu malen. Vermeer setzt sie damit den Intrigen seiner eifersüchtigen Frau und seiner Tochter aus, vollendet jedoch das Gemälde, das heute weltberühmt ist.
Beim ersten Mal war ich mit einem Freund in dem Film. Danach meinte er, dass die Alten Meister ein schweres Schicksal zu tragen hatten. Ihre Werke seien doch in der Regel Auftragsarbeiten reicher Gönner gewesen, wie auch beim *Mädchen mit dem Perlenohrgehänge*, und nach der Fertigstellung unwiederbringlich in deren Besitz übergegangen. Anders als heutige Künstler hätten sie ja nicht die Möglichkeit gehabt, die Bilder abzufotografieren,

sie in Katalogen zu betrachten, in Galerien oder Museen. Darüber denke ich vollkommen anders. Von keinem meiner Filme habe ich mir mehr als den Roh- und den Feinschnitt angesehen. Meine Romane nehme ich nur bei Lesungen zur Hand. Sie stehen in meinem Regal, ja sicher, doch ich müsste diese Bücher nie wieder anschauen, sie nie mehr berühren, um zu wissen, was sie mir bedeuten. Ein Künstler lebt in seinem Werk. Will sagen: während dessen Entstehung. Ich erinnere mich auf ewig, was ich bei jedem einzelnen Satz gefühlt habe.
Scarlett Johansson ist Griet. Zum ersten Mal habe ich sie in *Lost in Translation* gesehen, wo sie mir überhaupt nicht gefiel. An jenem Abend muss ich einen Blackout gehabt haben. Doch was ich von Schauspielern verstehe, erkennt man an Brad Pitt. Nachdem ich in *Thelma & Louise* war, sagte ich: »Der Kerl verschwindet in der Versenkung.«

DAS MÄDCHEN MIT DEM PERLENOHRRING (GIRL WITH A PEARL EARRING)
Regie: Peter Webber · Drehbuch: Olivia Hetreed · Literarische Vorlage: Tracy Chevalier · Kamera: Eduardo Serra · Musik: Alexandre Desplat · Schnitt: Kate Evans · Produktion: Andy Paterson, Anand Tucker

DER UNSICHTBARE DRITTE

1959

Hitchcock verfasste keine Drehbücher, und doch war er ein Urheber. Er nahm so viel Einfluss auf die Scripts, dass seine Autoren ihr eigenes Ego hintanstellen mussten. Dennoch wäre mir nicht bekannt, dass einer sich je drüber beklagt hätte; nicht einmal Ernest Lehman oder Ben Hecht, die einige seiner besten Filme schrieben, zwei Riesen in ihrer Zeit. Auf Drehbuchcredits hat der Meister verzichtet – im Gegensatz zu Regisseuren, die das heutzutage schon verlangen, wenn sie das Buch bloß gelesen haben.

North by Northwest, so der Originaltitel, der nicht, wie bisweilen behauptet, auf ein Shakespearezitat aus *Hamlet* zurückgeht (auch wenn es allerliebst gewesen wäre), besitzt als Thriller den Esprit und die Leichtigkeit einer Komödie. Viele haben sich später daran abgearbeitet und versucht, das zu kopieren; am verbissensten wohl Brian De Palma, der akademisch alles kann, aber bei weitem nicht

Hitchcocks Originalität besitzt. Ganz zu schweigen von dem Witz, der Hitch selbst in den düstersten Momenten auszeichnete.
Zugegeben: Dessen Epigonen hatten auch keinen Cary Grant. Schauspielergenerationen haben sich bemüht, seinen Charme abzukupfern. Jungs, gebt es auf. Der Mann hat mit seinem Lächeln Packeis geschmolzen und ihr nicht. Er bleibt unerreicht; am nächsten kommt ihm noch George Clooney.
Um in Form zu bleiben, soll Grant zwanzig Jahre lang mit Kinnbinde in einem Gipsbett geschlafen haben. Jede Besessenheit fordert Opfer; was das bedeutet, wissen nur die, die sie besitzen.
Eine hübsche Fußnote zu diesem ansonsten ganz und gar makellosen Film ist der Fehler, der sich eingeschlichen hat, in der Restaurantszene vorm Mount Rushmore, wo ein Steppke nicht wusste, dass er durch eine Schrecksekunde einmal zu einer Berühmtheit werden würde.

DER UNSICHTBARE DRITTE (NORTH BY NORTHWEST)
Regie: Alfred Hitchcock · Drehbuch: Ernest Lehman · Kamera: Robert Burks · Musik: Bernard Herrmann · Schnitt: George Tomasini · Produktion: Herbert Coleman, Alfred Hitchcock

THE KING'S SPEECH

2010

In meiner WG-Zeit hatte ich eine Mitbewohnerin, die heftig stotterte. Einmal sah ich sie Frühstück machen. Sie redete in der Küche mit sich selbst und stotterte keinen Deut. Als sie mich bemerkte, sagte sie: »Ha-ha-hallo, An-dre-dre-as.« Ich weiß, wie sie das gequält hat, und war einige Male dabei, als Menschen sich über sie lustig gemacht haben. Man sollte sich in solchen Situationen besser von mir fernhalten.
The King's Speech mag historisch nicht unbedingt korrekt sein, speziell in Bezug auf das Verhältnis zwischen Churchill und Prinz Albert. Aber es ist keine Vorlesung, und Filme, in denen Churchill auftritt, schaue ich reflexartig, wie ich auch jede seiner Biografien lese; sogar die schauderhafte, die Boris Johnson verzapft hat. Vor allen Dingen ist *The King's Speech* eine mitreißende Ode an die Würde, mit der man ein Schicksal tragen kann – und an die Kraft, es zu überwinden.

Daniel Defoe wird dieses Aperçu zugeschrieben: *Freundschaft fließt aus vielen Quellen, am reinsten aus dem Respekt.* Darin liegt der Schlüssel zu der Nähe, die zwischen Albert und dem Sprachlehrer Lionel wächst. Sie sind ein unmögliches Duo; auch darum lieben wir die beiden.

»Das war sehr gut, Bertie. Nur beim V haben Sie immer noch gestottert.«

»Das war Absicht. Ich wollte ja, dass man mich erkennt.«

Nie treten sich Geoffrey Rush und Colin Firth mit ihrer Kunst gegenseitig auf die Füße. Profis dieser Liga bleiben cool, wenn die Kamera ihnen den Hof macht, insbesondere Colin Firth. Sollte er je einen Leitfaden für Schauspieler verfassen, müsste er *Understatement für Fortgeschrittene* heißen. Um es neutestamentarisch auszudrücken: In meinem Kino-Evangelium ist Colin Firth der Hohepriester der Unscheinbarkeit.

THE KING'S SPEECH

Regie: Tom Hooper · Drehbuch: David Seidler · Kamera: Danny Cohen · Musik: Alexandre Desplat · Schnitt: Tariq Anwar · Produktion: Iain Canning, Emile Sherman, Gareth Unwin

DIE FIRMA

1993

John Grisham schreibt Sätze, die in der Regel ein pelziges Gefühl auf meiner Zunge hinterlassen. Nach den Büchern, die ich zu Ende gebracht habe, meist im Urlaub, an irgendeinem Hotelpool, war mir, als hätte ich mich eine Woche lang bloß von Kentucky Fried Chicken ernährt und literweise Lambrusco dazu getrunken. Stil und Rhythmus sind für Grisham Wehwehchen von Autoren mit vierstelligen Auflagen. Aber vom Plotten versteht er so viel wie ein Waschbär vom Eierklauen. Seine Romane eignen sich grandios für Verfilmungen; besonders, wenn ein Mann wie Sydney Pollack die Sache in die Hand nimmt und mal eben ein paar Weltstars anruft, die schon zusagen, wenn sie nur seine Stimme hören.

Vor einiger Zeit sagte ein Freund über den Film, dass er halt gutes Popcorn sei. Aber nein, er ist so viel mehr. Dieser Thriller hat sagenhaft viel Verve, Tempo, und ja, Tiefe. Hier wird das Seelenheil von

Menschen verhandelt; das suche ich in jedem Film und Roman, jedem Gemälde. Gene Hackman ist Avery Tolar, Seniorpartner in einer Mafiakanzlei. »Er war anständig und korrupt und zerstört und sehr unglücklich«, sagt Jeanne Tripplehorn alias Abby McDeere über diesen Mann, nachdem er aus Selbstekel seine eigene Ermordung provoziert hat. In so einer Esse werden Charaktere geschmiedet. Und Tom Cruise beweist hier einmal mehr, dass man nicht zum Weltstar wird, bloß weil man ein hübsches Gesicht hat.

Phänomenal ist auch der Soundtrack von Dave Grusin, einem der besten Jazzmusiker überhaupt. Er ist noch mit Benny Goodman aufgetreten und hat mehr als einen Filmklassiker mit seiner Arbeit veredelt. Beispiele gefällig? *Die fabelhaften Baker Boys*, *Das Herz ist ein einsamer Jäger*, *Die drei Tage des Condor* etc. Der Mann ist erst neunundachtzig. Ich hoffe, da kommt noch was.

DIE FIRMA (THE FIRM)

Regie: Sydney Pollack • Drehbuch: David Rabe, David Rayfiel, Robert Towne • Literarische Vorlage: John Grisham • Kamera: John Seale • Musik: Dave Grusin • Schnitt: Fredric Steinkamp, William Steinkamp • Produktion: John Davis, Scott Rudin, Sydney Pollack

DR. SELTSAM ODER: WIE ICH LERNTE, DIE BOMBE ZU LIEBEN

1964

Ende der Siebziger habe ich eine Zeitlang in Paris gelebt, im 18. Arrondissement. Bei der Porte de Clignancourt gab es ein Programmkino, in dem es immer nach nassem Hund mit einem Quäntchen Knofi roch. Die Bestuhlung war so durchgesessen, dass das Stammpublikum sich Kissen mitbrachte, und unter den Sohlen knirschten Erdnussschalen. *Strangelove* lief in der Spätvorstellung, im Original mit sensationell schlecht übersetzten Untertiteln. Sechste Reihe Mitte, mein Lieblingsplatz. Wenige Tage zuvor hatten Breschnew und Carter in Wien die SALT-II-Verträge unterschrieben, durch die das nukleare Arsenal der Supermächte begrenzt werden sollte. Natürlich war dieses Abkommen lächerlich; welchen Unterschied macht es schon, ob die Welt zweitausend oder nur tausend Mal in Asche verwandelt werden kann. Dennoch waren die Nachrichten voll davon, die ganze Welt schien aufzuatmen.

Dann ging der Vorhang auf, und ich sah den von Ken Adam entworfenen War Room, der so real wirkt, dass Ronald Reagan, wie man sich erzählt, im Weißen Haus nach seiner Amtseinführung als Erstes dort hinwollte. Vor allem hatte ich vor dem Film nichts von der Weltvernichtungsmaschine gewusst.

Als wir nach Mitternacht aus dem Kino kamen, blickte ich auf dem Boulevard Ney zum Himmel, ob bereits Bomberformationen zu sehen waren. Doch da war nur dieses milchige, matte Rot, der Atemhauch großer Städte, weit weg das Blinklicht auf der Spitze des Eiffelturms. Verdammt, schaltet das ab, dachte ich.

»Strangelove? What kind of a name is that? That ain't no Kraut name, is it?«

»He changed it when he became a citizen. Used to be Merkwürdigeliebe.«

Fucking unsterblich.

DR. SELTSAM ODER: WIE ICH LERNTE, DIE BOMBE ZU LIEBEN (DR. STRANGELOVE OR: HOW I LEARNED TO STOP WORRYING AND LOVE THE BOMB)

Regie: Stanley Kubrick · Drehbuch: Stanley Kubrick, Terry Southern, Peter Bryant · Literarische Vorlage: Peter George · Kamera: Gilbert Taylor · Musik: Laurie Johnson · Schnitt: Anthony Harvey · Produktion: Stanley Kubrick

GOODFELLAS

1990

»Solange ich denken kann, wollte ich Verbrecher werden.« Wie könnte ein Film noch schiefgehen, der so beginnt? Angeblich handelt es sich um die wahre Geschichte des Gangsters Henry Hill. Aber da ich Biopics geschrieben habe, weiß ich, dass man das mit Vorsicht genießen muss; besonders wenn es heißt: *nach Motiven von*. Natürlich sind die Schauspieler ein Brett: De Niro, Pesci, Liotta, die himmlische Lorraine Bracco. Dazu die Kamera von Michael Ballhaus, dessen Arbeit ich ungemein verehre, der ganz am Ende, schon fast blind, sagte: »Ich hatte genug Bilder.«
Und die Musik! Motown, Cream, Muddy Waters, lauter Kracher. In Waters' Song *Mannish Boy*, der durch den Film stampft, heißt es: *Now, when I was a young boy / At the age of five / My mother said I was gonna be / The greatest man alive*. Das ist die Geschichte von Henry Hill, der komplette Pitch ist darin enthalten.

Sein Verhältnis zur Gewalt hat Scorsese niemals geklärt. Das muss seiner Kindheit in Little Italy geschuldet sein, den frühen Jahren im nervösen, aggressiven Puls dieses Viertels. Das Gesetz des Stärkeren als Curriculum für Straßenjungs. »Little Italy ist seine Welt«, hat Ballhaus einmal gesagt, »dort wütet er wie ein Metzger.« Als Jugendlicher wollte Scorsese Priester werden, die gläubigsten Katholiken sind bei ihm die erbarmungslosesten Killer. Das zieht mich an und stößt mich ab. Es liegt nicht daran, dass ich Gewalt in Filmen oder Romanen ablehne. Meine eigenen sind voll davon; die Gewalt gibt der Welt meiner Figuren Struktur. Aber grundlos darf sie nie sein.

Was mich in *GoodFellas* fesselt, ist, wie nach und nach der hauchdünne Firnis aufbricht, auf dem die Freundschaft dieser Männer steht, bis wir sehen, was darunter ist. Manche Menschen tun für Geld alles. Die hier tun noch mehr.

GOODFELLAS

Regie: Martin Scorsese · Drehbuch: Nicholas Pileggi, Martin Scorsese · Literarische Vorlage: Nicholas Pileggi · Kamera: Michael Ballhaus · Musik: Diverse Songs · Schnitt: Thelma Schoonmaker · Produktion: Irwin Winkler

LEOPARDEN KÜSST MAN NICHT

1938

Beim Schreiben von komischen Dialogen braucht es Geduld; man muss zehn Pointen durchspielen, ehe man die eine findet, die besticht. Co-Autoren haben es leichter als Einzelkämpfer. Sie können sich Bälle zuwerfen, Spitballing nennt sich das. Man darf sich nicht vorstellen, dass die Tastatur dabei glüht. Alles, was schnell ist, schreibt sich langsam; die meiste Zeit starrt man die Wand an. Es gibt diese Anekdote über Louis B. Mayer, den legendären Hollywoodmogul. In seiner Zeit waren die Autoren fest angestellt und in einem eigenen Studiotrakt untergebracht. Mayer pflegte sein Ohr an die Türen zu legen, um zu lauschen, ob er die Schreibmaschinen klappern hörte. War das nicht der Fall, sprang er in den Raum und rief: »Wofür bezahle ich Sie eigentlich?« Es ist verwunderlich, dass jemand, der derart viele erfolgreiche Filme produzierte, nicht die geringste Ahnung zu haben schien, wie Autoren arbeiten.

Das Drehbuch zu *Leoparden küsst man nicht* kam von Dudley Nichols und der jungen Hagar Wilde, deren Kurzgeschichte *Bringing Up Baby* in *Collier's Weekly* publiziert worden war und die literarische Vorlage bildete. Sie wurden während ihrer Arbeit ein Paar; aber Autorenbeziehungen halten selten lang. Zwei vom Schreiben Besessene sollten lieber nicht das Bett teilen, da kenne ich mich aus.
Man muss das Ernste können, um das Komische zu beherrschen. Und natürlich umgekehrt. Darum waren Katharine Hepburn und Cary Grant schier eine Traumbesetzung. Überhaupt, die Hepburn: ein Phänomen. Obgleich sie eher herb als hübsch war und was latent Blaustrümpfiges hatte, spielte sie große romantische Rollen, ähnlich wie Bette Davis, Meryl Streep, Hilary Swank.
Das machen große Schauspielerinnen mit uns: Sie sind, was wir in ihnen sehen sollen. In *Leoparden küsst man nicht* ist Katharine Hepburn eine Göttin.

LEOPARDEN KÜSST MAN NICHT (BRINGING UP BABY)
Regie: Howard Hawks • Drehbuch: Hagar Wilde, Dudley Nichols • Literarische Vorlage: Hagar Wilde • Kamera: Russell Metty • Musik: Roy Webb, Jimmy McHugh • Schnitt: George Hively • Produktion: Cliff Reid, Howard Hawks

SEVEN

1995

Als junger Drehbuchautor hatte ich das große Glück, einen Mentor zu haben: František Daniel, ehedem künstlerischer Leiter des Sundance Film Festivals und Dekan des American Film Institute. David Lynch, Paul Schrader und Terrence Malick waren seine Schüler dort. »What an explosion of talent«, sagte Frank breit grinsend und betonte im gleichen Atemzug, dass er es ihnen nicht leicht gemacht habe. »Learning is painful.« Als ich ihn kennenlernte, hatte das Leben längst Schneisen in sein Gesicht gegraben. Frank sah aus wie Charles Bukowski, und ich wette, er hätte ihn jederzeit unter jeden Bartresen gesoffen. Über mein erstes Kinodrehbuch urteilte er: »It's really beautifully written, Andreas. You could shoot it exactly like it is. But why?« Von Frank habe ich gelernt: Selbst wenn du ein Buddy-Movie schreibst, kann es bloß eine Hauptperson geben; es ist immer die mit dem größten Konflikt. Und dann: Frag dich bei jeder einzelnen Szene, was das Schlimmste wäre, das deiner Hauptfigur passieren könnte. Mich trägt das bis heute.

Der wenige Tage vor der Pensionierung stehende Detective William Somerset ist die Hauptfigur in *Seven*. Er nimmt seinen jungen Kollegen Mills, neu in der Stadt, unter die Fittiche. Die beiden jagen einen Serienmörder, der seine meist männlichen Opfer nach den sieben Todsünden auswählt und ihre Hinrichtung als Bestrafung inszeniert.

Man sollte den Film nicht auf nüchternen Magen schauen, und von Popcorn rate ich ab. Das Ende von *Seven* gehört zu den überraschendsten und schrecklichsten und brillantesten Momenten des Kinos. Obwohl ich den Film so großartig finde, habe ich ihn nur einmal gesehen. Ich ertrage die Auflösung nicht. Am Schluss geschieht William Somerset das Schlimmste: Ja, er hat das Grauen kommen sehen. Aber konnte es nicht verhindern.

SEVEN

Regie: David Fincher · Drehbuch: Andrew Kevin Walker · Kamera: Darius Khondji · Musik: Howard Shore · Schnitt: Richard Francis-Bruce · Produktion: Phyllis Carlyle, Arnold Kopelson

THELMA & LOUISE

1991

Eine resolute Kellnerin und eine überkandidelte Hausfrau als breitbeinige Desperadas. Ein solches Roadmovie hatte es bis dahin noch nicht gegeben; unter den »Waffen der Frauen« hatte man etwas anderes verstanden.
In einer Westernbar in Arkansas lassen sie die Sau raus; Line Dance, Frozen Margaritas und ein Flirt mit Folgen. Der Elvis-Verschnitt, mit dem Thelma getanzt hat, will auf dem Parkplatz noch ein wenig mehr »Spaß«. Ehe er Thelma vergewaltigen kann, taucht Louise auf und hält ihm einen Revolver an den Hals. »Merk dir das gut für die Zukunft«, sagt Louise. »Wenn Frauen weinen, haben sie keinen Spaß.« Sie hätte es dabei belassen, würde er nicht »Lutsch meinen Schwanz« zu ihr sagen, nachdem sie sich schon abgewendet hat.
Louise erschießt ihn. So grandios war selten ein Plot Point. Die beiden Freundinnen wechseln auf die wilde Seite des Lebens. In einem 66er Ford

Thunderbird fliehen Thelma und Louise vor der Polizei in Richtung Mexiko, weil sie genau wissen, dass die Sympathie einer Männerjustiz für einen Vergewaltiger größer ist als jedes Mitgefühl für Frauen, die sich wehren. Und bald entdeckt auch Thelma, wie sexy eine .45er sein kann.
Selbstverständlich ist das ein feministischer Film, einer der wichtigsten sogar, auch wenn ein Mann ihn inszeniert hat. »Ich fühle mich hellwach«, sagt Thelma. »Ich kann mich nicht erinnern, mich je so wach gefühlt zu haben.« Das darf man durchaus auf eine ganze Frauengeneration transponieren. Aber vielleicht wünsche ich mir das nur.
Am Ende küssen sie sich und geben einfach Gas. Doch sie sterben nicht. Das letzte Bild friert ein; überm Abgrund werden sie schwerelos. So geht es den ganz großen Heldinnen. Es ist ein Schluss wie bei *Butch Cassidy and the Sundance Kid*. Fürwahr, ein Western ist *Thelma & Louise* auch. Nur besser.

THELMA & LOUISE

Regie: Ridley Scott · Drehbuch: Callie Khouri · Kamera: Adrian Biddle · Musik: Hans Zimmer · Schnitt: Thom Noble · Produktion: Mimi Polk Gitlin

KÖNIG DER FISCHER

1991

Am Beginn meines Romans *Niemals* stehen die Worte: *Glück macht uns blind. Aber Schmerz lässt uns sehen.* Das gilt auch für den *König der Fischer.* Henry kann allein durch den Heiligen Gral erlöst werden. Aber das wird ihm erst klar, als durch einen scheinbaren Zufall Jack in sein Leben tritt, der Mann, der ihm alles genommen hat.
Vergebung, darum geht es in diesem Film.
Meine erklärte Lieblingsfigur ist Lydia, ein spätes Mädchen mit einer Frisur wie eine Topfpflanze. Sie ist eine unfassbar verpeilte Frau, das Chaos in Person. Höchstwahrscheinlich fühle ich mich zu ihr hingezogen, weil auch in meinem Schädel eine ziemliche Wuling ist. Um dagegenzuhalten, setze ich exzessive äußere Ordnung ein, besonders in meinem Arbeitszimmer. Der Schreibtisch ist stets penibel aufgeräumt; jedes Ding liegt an derselben Stelle, jeden Tag, sonst würden meine Gedanken sich verstolpern. Einmal besuchte mein Freund

Murmel Clausen mich, ein Mann, dessen eigenes Arbeitszimmer an ein Bild von Jackson Pollock gemahnt. Als Murmel fort war, versuchte ich zu arbeiten, konnte mich aber nicht konzentrieren. Ich lief im Zimmer rum, suchte nach dem Grund. Dann sah ich, dass er im Regal eins meiner Bücher umgestellt hatte. Worum geht es hier noch mal? Ach ja, Vergebung.

Spätestens, als Henry und Lydia beim Chinesen Hockey mit Fleischbällchen spielen und offenbar wird, dass die beiden füreinander bestimmt sind, wusste ich, dass ich diesen Film für immer lieben werde. Das Finale ist derart zwingend erzählt und funkelnd inszeniert, dass ich Angst kriege, mein Herz fliegt aus der Brust, auf und davon, so leicht, wie es dann wird.

Und Henry, der Nacktanbeter, gibt jedem Mann einen guten Rat mit: »Lass deinen kleinen Kerl im Wind flattern.«

KÖNIG DER FISCHER (THE FISHER KING)

Regie: Terry Gilliam · Drehbuch: Richard LaGravenese · Kamera: Roger Pratt · Musik: George Fenton · Schnitt: Lesley Walker · Produktion: Debra Hill, Lynda Obst

THE BOURNE IDENTITY

2002

Gute Action zu schreiben, ist nicht leicht, und es ist eine Herausforderung, sie zu inszenieren. Als Autor braucht man Präzision und Timing. Man muss hochkomplexe Bewegungsabläufe in ihre Einzelteile zerlegen. Merke: Was der Autor nicht versteht, bleibt auch für das Publikum ein Rätsel. Es sollten medizinische Kenntnisse vorhanden sein, sonst spazieren Schussopfer noch durch die Gegend, obwohl die Arteria femoralis durchtrennt ist. Für die Jenny-Aaron-Romane habe ich viele Stunden mit dem Studium von Leistungssportlern verbracht. Bodenturnen ist beispielsweise sehr lehrreich. Auch dass ich BKA-Beamten im dortigen Schießkino zuschauen durfte, hat mir geholfen. Grundsätzlich sollte ein Autor wissen, wozu der menschliche Körper imstande ist und wozu nicht, es sei denn, man setzt sich an *Wonder Woman 4*. Oder, um es frei nach Mark Twain zu sagen: *Der einzige Unterschied zwischen Fiktion und Realität besteht darin, dass in der Fiktion alles einen Sinn ergeben muss.* Sicher ist das für einen Romancier wichtiger als für einen Drehbuchautor. Beim Film gibt es ja noch die Regie und Stuntkoordinatoren, mag man anführen. Dennoch würde ich jedem, der Film-Action schreibt, nahelegen, die obigen Tipps zu beherzigen. Es ist immer von Nutzen, wenn ein Autor weiß, was er tut.

Ein guter Anfang wäre, *The Bourne Identity* zehn oder zwanzig Mal anzuschauen. Technik, Timing, Choreografie: Dieser Film zeigt, wo der Frosch die Locken hat, daran muss ein komplettes Genre sich messen lassen. Den Roman von Ludlum braucht man nicht zu lesen, es sei denn, man leidet unter Einschlafproblemen. Abgesehen vom Namen des Helden und dessen Gedächtnisverlust hat er mit der Verfilmung nichts gemein. Gott sei Dank. Die besten Literaturadaptionen beinen ihre Vorlage mit einem scharfen Messer aus.

THE BOURNE IDENTITY

Regie: Doug Liman • Drehbuch: Tony Gilroy, William Blake Herron • Literarische Vorlage: Robert Ludlum • Kamera: Oliver Wood • Musik: John Powell • Schnitt: Saar Klein • Produktion: Patrick Crowley, Richard N. Gladstein, Doug Liman

WONDER BOYS

2000

Ich weiß nicht, ob es Autoren gibt, die noch nie eine Schreibblockade durchlitten haben. Einige, die ich kenne, erleben das zwei, drei Mal im Jahr; es kommt und geht bei ihnen wie Heuschnupfen. Ich musste fünf Mal da durch. Das Schlimmste ist, dass man nicht einfach warten kann, bis es vorbei ist. Man quält sich jeden verdammten Morgen an den Schreibtisch, starrt Stunde um Stunde auf den weißen Monitor, tut sich selbst leid und hasst die ganze Welt. Einmal habe ich eine Radikaltherapie gemacht, die darin bestand, dass ich ein großes, herausforderndes Drehbuchangebot mit einem engen Zeitbudget annahm. Ich wusste, wenn ich's nicht hinkriege, kommen eine Menge Leute in die Hölle. Es hat geklappt, wurde sogar einer meiner besten Filme. Aber empfehlenswert ist es nicht. Michael Douglas spielt in *Wonder Boys* den Autor Grady Tripp, der vor sieben langen Jahren seinen letzten Roman veröffentlicht hat, *Die Tochter des*

Brandstifters, ein Buch, das gerühmt wurde für die zu Tränen rührende Beschreibung einer kahlen Zypresse. Tripps anhaltende Blockade äußert sich in einer Art Schreibdurchfall, dessen Resultat ein inzwischen über zweitausendsechshundert Seiten umfassender und längst nicht fertiger Roman ist, an dem er nur weiterarbeiten kann, wenn er den Morgenmantel der Frau trägt, die ihn verlassen hat. Nichts in seinem Manuskript ergibt Sinn. Der Mann füllt es bloß mit Buchstaben, aber nicht mit Leben. Während Tripp verzweifelt versucht, das Werk irgendwie zu Ende zu bringen, unternimmt er eine epische, beinahe wie Screwball anmutende Heldenreise, um am Schluss zu erkennen, was an seinem Unglück schuld ist: seine Bindungsängste, die so erdrückend sind, dass er selbst vor seinen Romanfiguren flüchtet. Kein Film ist für Autoren heilsamer als die *Wonder Boys*, wenn der Schwarze Mann wieder mal vor der Tür steht.

WONDER BOYS
Regie: Curtis Hanson · Drehbuch: Steve Kloves · Literarische Vorlage: Michael Chabon · Kamera: Dante Spinotti · Musik: Christopher Young · Schnitt: Dede Allen · Produktion: Curtis Hanson, Scott Rudin

HEAT

1995

Kurz vorm Drehbeginn zu *Der neunte Tag* zeigte Volker Schlöndorff mir Zeichnungen von Goya, die Leihgabe eines Berliner Museums. Auf einem der Blätter war eine Kreuzigung zu sehen. Schlöndorff sagte: »Diesen Schuss will ich.« Genau so fand er sich später in seinem Shooting Script – und ist er im Film. Regisseur Michael Mann ging bei *Heat* ähnlich vor: Für eine der schönsten Einstellungen wählte Mann das Gemälde *Pacific, 1967* von Alex Colville. Etwas später steht McCauley, gespielt von Robert De Niro, mit Eady (groß: Amy Brenneman) auf der Dachterrasse seines Luxus-Penthouses, unter ihnen das endlose Los Angeles, ein Blick wie auf ein nächtliches Meer voller Leuchtalgen. »Sind Sie einsam?« fragt Eady. »Ich bin allein, aber nicht einsam«, sagt McCauley, um zurückzugeben: »Und Sie?« – »Ich bin sehr, sehr einsam«, antwortet sie. Da vergesse ich immer all die Gewalt, das Blut, das Sterben und stelle mir *Heat* als eine wahnsinnig

traurige Liebesgeschichte vor, in der Männer und Frauen in derselben Stadt leben, zwischen ihnen eine Wand aus dickem Panzerglas, auf die sie ihre Fingerspitzen legen, ohne einander berühren zu können; die einen randvoll mit Gier nach etwas, für das sie keinen Namen haben, die anderen kaputt vor lauter Sehnsucht.
Wenn über diesen Film gesprochen wird, raunen die meisten von dem Diner, in dem Pacino und De Niro sich gegenübersitzen, zum allerersten Mal gemeinsam vor einer Kamera. Ich finde die Szene eher verkrampft; dort sitzen zwei, die sich ihrer eigenen Legende bewusst sind und unmöglich den Erwartungen gerecht werden können.
Nein, meine andere Lieblingsszene ist diese Feier, wo sie mit ihren Frauen und Kindern zusammen sind, für eine Stunde fast glücklich. Und McCauley und Shiherlis tun so, als wären sie ganz normale Männer und nicht der Tod.

HEAT
Regie: Michael Mann · Drehbuch: Michael Mann · Kamera: Dante Spinotti · Musik: Elliot Goldenthal · Schnitt: Pasquale Buba, William Goldenberg, Dov Hoenig, Tom Rolf · Produktion: Art Linson, Michael Mann

BARTON FINK

1991

Ich weiß nicht, ob man ein Drehbuchautor sein muss, um diesen Film zu lieben. Immer wieder ernte ich Schulterzucken, wenn ich ihn erwähne. Auf die Frage, was mich daran so fesselt, erwidere ich meist als Erstes: »Darin ist nichts zu viel.« Ja, hört sich unspektakulär an. Aber Autoren wissen, was ich meine. Es ist ein hohes Ziel, ein Drehbuch oder einen Roman zu schreiben, wo das gelingt. Die Wahrscheinlichkeit, dass man es schafft, ist zwar nicht sehr hoch. Aber sich an dieser Illusion abzuarbeiten, kann erfüllend sein.

Wenn man anfängt, sich zu fragen, ob dieses oder jenes dem Leser oder gar einem Kritiker gefallen würde, sollte man das Schreiben aufgeben. Dann ist man künstlerisch tot. Auch darum lese ich seit Jahren kaum noch Rezensionen; und wenn, dann wohlwollende. Hat mein Leben verbessert. Aber einmal las ich über einen Roman von mir: *Hier ist kein Wort zu viel.* Da war ich glücklich.

»Sie wissen schon, was ich möchte: dieses Barton-Fink-Feeling«, sagt der Produzent Jack Lipnick zu Barton, als der eben in Hollywood eingetroffen ist. Und Tusch! Der Mensch John Turturro löst sich komplett in seiner Rolle auf und springt als Barton mit einem beherzten Köpper in den Irrgarten der Coen-Brüder.
Ich bewundere diesen Schauspieler ungeheuer, er macht jeden Film besser. Sein Bowling-King Jesus in *The Big Lebowski* ist nur eine winzige Rolle, und doch unvergesslich; aber zu diesem Film komme ich noch.
Übrigens hat ein Produzent, nachdem er meine erste Drehbuchfassung verrissen hatte, einmal zu mir gesagt: »Geben Sie mir doch einfach dieses Pflüger-Feeling.« Das war fünf Minuten bevor ich beschloss, nur noch Romane zu schreiben. Habe ich schon erwähnt, dass ich John Turturro liebe? Ach ja.

BARTON FINK

Regie: Joel Coen, Ethan Coen · Drehbuch: Joel Coen, Ethan Coen · Kamera: Roger Deakins · Musik: Carter Burwell · Schnitt: Joel Coen, Ethan Coen · Produktion: Ethan Coen

THE FRENCH CONNECTION

1971

Es gibt Schauspieler, die stets so proper sind, dass man sie sich nicht verschwitzt vorstellen kann. Robert Redford etwa oder Cary Grant. Aber Gene Hackmann riecht man in diesem Film durch die Leinwand. Einen so verlotterten Bullen mit einer solchen Besessenheit hatte man davor noch nicht gesehen. Und danach auch nicht. Dieser Film ist derart reich an Höhepunkten, dass es schwerfällt, einen herauszuheben. Die Sequenz, in der Popeye und Russo in dem Nachtclub auf den Italiener aufmerksam werden und ihn dann verfolgen, ist irrsinnig gut getaktet. Das Katz-und-Maus-Spiel zwischen Popeye und Charnier in der U-Bahn, wie cool. Die Verfolgungsjagd mit dem Auto, natürlich, damals eine Sensation; sie reichte an die in *Bullitt* heran. Der Showdown, geil. Aber ich entscheide mich für die Werkstatt, als Popeye und Russo die Limousine auseinandernehmen und erst ganz am Ende den Stoff finden.

Der Film ist reiner Jazz; im Grunde besteht er nur aus Rhythmus. Das liegt an der Regie und an der Musik. Kein Autor könnte das in einem Drehbuch erzeugen, so viel Demut darf sein.
Woran wahrscheinlich die Wenigsten denken: Die Story war blendend recherchiert. Das ist der Teil der Autorenarbeit, über den sich das Publikum kaum je Gedanken macht. Und genau das ist die Kunst: es niemanden spüren zu lassen. Hier führte die Recherche so weit, dass Eddie Egan, jener New Yorker Polizist, der das Vorbild für die Hauptfigur Popeye war, als Schauspieler im Film auftritt. Er spielt den Chef von Hackman und Scheider. Und er macht es gut.
Über die Fortsetzung von *The French Connection* zu urteilen, wäre ein wenig unfair. Sie ist nicht schlecht, womöglich sogar gut. Aber es ist wie bei *Der Pate II & III*. Das eine ist ein Diamant und das andere eben nur ein Amethyst.

THE FRENCH CONNECTION

Regie: William Friedkin · Drehbuch: Ernest Tidyman · Literarische Vorlage: Robin Moore · Kamera: Owen Roizman · Musik: Don Ellis, Jimmy Webb · Schnitt: Gerald B. Greenberg · Produktion: Philip D'Antoni

ABOUT SCHMIDT

2002

Ich liebe Roadmovies. Das fing früh an, schon in den Siebzigern, mit *Im Lauf der Zeit* von Wenders. Vor Jahren habe ich versucht, ihn noch einmal zu schauen. Die Einstellungen sind so lang, dass man meint, der Kameramann wäre zwischendrin zum Bahnhof gelaufen, um Kippen zu holen.
1993 flog ich Anfang März für drei kalte Wochen nach Russland. Über Moskau ging es nach Sibirien; das Omsker Dramatheater hatte mich eingeladen. Ich saß am Fenster, am Gang ein Bauer, zwischen uns thronte seine Ziege. Kein Scherz. Zehn Jahre später wollte ich diese Reise in einem Drehbuch verarbeiten. Doch der Produzent mochte meinen Humor nicht. Er verwies darauf, dass er ein Buch über Komik gelesen habe, also Bescheid wisse. An den Titel erinnere ich mich nicht mehr, aber er klang bescheuert. Ehe ich ihn in einem Café sitzen ließ, sagte ich aufs Geratewohl, dass er in seinem Buch auf Seite 249 nachsehen solle; dort stünde

etwas, das er verinnerlichen müsse. Am nächsten Morgen rief er mich an und ließ mich wissen, dass auf besagter Seite der Literaturnachweis sei. Ich hatte einen schönen Zufallstreffer gelandet. »Das ist richtig«, sagte ich. »Sie müssen unbedingt alle dort aufgeführten Bücher lesen, dann werden Sie noch viel mehr von Komik verstehen als jetzt.« Es war unser letzter Kontakt; später produzierte er eine Kinokomödie, die grausam floppte. Ob er es mit Humor nahm, ist mir unbekannt, aber meinen Respekt hatte er. Sein Film war teuer gewesen, und Menschen, die wirklich etwas riskieren, gibt es in dem Geschäft zu wenige.

Um *About Schmidt* zu verstehen, muss man kein Buch gelesen haben. Genauso wenig wie für jeden anderen Film. Bei den lustigsten Szenen schluckt man, und die traurigen sind einen Wimpernschlag vom Lachen entfernt. Nicholson, du stellst Sachen mit uns an, die kein anderer kann.

ABOUT SCHMIDT

Regie: Alexander Payne • Drehbuch: Alexander Payne, Jim Taylor • Literarische Vorlage: Louis Begley • Kamera: James Glennon • Musik: Rolfe Kent • Schnitt: Kevin Tent • Produktion: Michael Besman, Harry Gittes

TAXI DRIVER

1976

Mit Taxifahren kenne ich mich aus, damit habe ich in Berlin sieben Jahre lang mein Geld verdient. Ich fuhr immer nachts, nie unter zwölf Stunden, dann vier Stunden Schlaf, selten mehr. Die übrige Zeit schrieb ich; Gedichte, Shortstorys. Hin und wieder wurde ein Text in kleinen Literaturzeitschriften veröffentlicht, aber es reichte nicht einmal für die Kohlenrechnung. Mit den Absagen von Verlagen hätte ich meine Wohnung tapezieren können. Und die Nebenwohnung dazu. Als ich achtundzwanzig wurde, konstatierte ich, dass ich gescheitert war. Ich machte alles zu Geld und ging nach Amerika, dachte, das war's. Ich reiste kreuz und quer durch das Land und bekam nach wenigen Wochen eine solche Sehnsucht nach dem Schreiben, dass ich ein Reisetagebuch begann. In San Francisco stand ich am Pazifik und erinnerte mich plötzlich an einen Satz von Mark Twain: *Schreib, was du weißt*. Ich machte mich an ein Taxi-Hörspiel und nannte es

In der Nacht sind alle Taxen grau. Ein paar Tage brauchte ich nur dafür; die Sätze wurden groß und gingen aus dem Haus. Später wurde daraus ein Musical; ich lernte, mit Musikern zu arbeiten, Schauspielern, überhaupt, einen künstlerischen Prozess mit anderen zu teilen. Das war schon die Vorbereitung aufs Drehbuchschreiben.

Das Plakat zu *Taxi Driver* hängt seit langer Zeit in meinem Arbeitszimmer. Travis Bickle geht mit gesenktem Kopf die kalte 47. Straße in Manhattan hinunter, steif vor Einsamkeit; es könnte auch ein Gemälde von Helnwein sein. Und darüber steht: *On every street in every city, there's a nobody who dreams of being a somebody.* Bernard Herrmanns Musik, eine Erinnerung an *Vertigo*; immer wieder höre ich den Soundtrack beim Schreiben.

Aber ein Fehler ist auch in diesem Film; ich sage nicht, wo. Im Zen heißt es, dass man Perfektion nur anstreben kann. Nie erreichen.

TAXI DRIVER

Regie: Martin Scorsese · Drehbuch: Paul Schrader · Kamera: Michael Chapman · Musik: Bernard Herrmann · Schnitt: Tom Rolf, Melvin Shapiro · Produktion: Michael Phillips, Julia Phillips

DER CLUB DER TOTEN DICHTER

1989

O Captain! my Captain! our fearful trip is done;
The ship has weather'd every rack, the prize we sought is won.

WALT WHITMAN

Meine schulische Karriere ähnelte Armageddon. Ein Grund dafür war sicher, dass meine Eltern mich in völliger Unkenntnis meiner Begabung auf ein naturwissenschaftliches Gymnasium geschickt hatten, wo ich ab der Untersekunda in die innere Emigration ging. Größere Teile des Basiswissens von Mathematik, Physik und Chemie sind in einer großen Leere versickert. Natürlich war ich gut in Deutsch, auch wenn andere die besseren Noten hatten. Frau Bison war dort meine Lehrerin. (Mais non, nicht wie der Büffel ausgesprochen, sondern französisch, elegant.) Einmal in der Woche lud sie mich zum Tee ein, und wir sprachen über all die Bücher, die sie mir ans Herz gelegt hatte. Zweimal sitzengeblieben bin ich trotzdem. Die Nachfolger von Frau Bison tranken keinen Tee, jedenfalls nicht mit mir. Unter meinen Aufsätzen stand oft: *Thema verfehlt.* Klar, weil es nicht *meine* Themen waren; als Auftragsschreiber bin ich ungeeignet. Später kam ich auf das Gymnasium am Rotenbühl in Saarbrücken; damals ein Lyzeum. Wir waren acht Jungen und tausendzweihundert Mädchen. Meine beste Zeit.

Als ich das Abi mit Ach und Krach geschafft hatte, trank ich wieder Tee mit Frau Bison. Sie meinte: »Sie werden Journalist oder Autor, etwas anderes ist ganz undenkbar. Und egoistisch, wie ich bin, hoffe ich, dass Sie sich nicht für den Journalismus entscheiden.«

Sie hätte den *Club der toten Dichter* geliebt, aber ich weiß nicht, ob sie ihn kannte. Manchmal stelle ich mir vor, an ihrem Grab zu stehen, wo die Luft nach frisch bedrucktem Papier riecht.

DER CLUB DER TOTEN DICHTER (DEAD POETS SOCIETY)

Regie: Peter Weir · Drehbuch: Tom Schulman · Kamera: John Seale · Musik: Maurice Jarre · Schnitt: William M. Anderson · Produktion: Steven Haft, Paul Junger Witt, Tony Thomas

DER WEISSE HAI

1975

Filmmusiken, bei deren Titelthema jeder schon nach wenigen Takten Bescheid weiß, gibt es nicht viele. *Forrest Gump, Spiel mir das Lied vom Tod, Der Clou, Der dritte Mann* und *Der Pate* fallen mir spontan ein. Und *Der weiße Hai*. Dieses Dum-dum-dum-dum-dum-dum ist Teil unseres universellen Filmgedächtnisses geworden. Es mag sein, dass John Williams als Komponist nicht so groß ist wie Ennio Morricone, aber selbst seine Flops waren Hits. Und Spielbergs Regie ist so muskulös, dabei klar und bedacht, dass sie alle Erneuerungen und technischen Revolutionen des Kinos überdauert hat. Jede Einstellung steht bei ihm wie eine Mauer, das können nur die Großen.

Als die drei Männer in See stechen, nimmt Robert Shaw als Ahabs Urenkel Quint das Maul voll. »Hier liegt die Leiche von Mary Skye, sie starb im Alter von einhundertdrei. Bis fünfzehn ist sie Jungfrau gewesen, das ist Rekord hier, so steht es zu lesen.«

Nachdem sie die Bestie zum ersten Mal harpuniert haben und sie abgetaucht ist, sagt Quint: »Nie im Leben kann der mit drei Fässern unten bleiben.« So redet er, der falsche Prophet mit dem goldenen Stiftzahn.

Meine Lieblingsszene, und damit bin ich gewiss nicht allein, ist die unter Deck des Schiffes, wenn sie stockbesoffen voreinander mit ihren Narben angeben und sich gegenseitig in ihrer Coolness überbieten wollen, um nicht zu zeigen, dass sie Angst haben. So frotzeln sie, große Jungs unter sich, bis Quint erzählt, dass er zur Besatzung der USS Indianapolis gehört hatte, die, nachdem sie Teile der Hiroshimabombe nach Tinian geliefert hatte, von einem Torpedo getroffen worden war. Hilflos hatte Quint im Wasser zusehen müssen, wie seine Kameraden einer nach dem anderen von Haien gefressen wurden.

»Wir werden ein größeres Boot brauchen.« O ja.

DER WEISSE HAI (JAWS)

Regie: Steven Spielberg · Drehbuch: Peter Benchley, Carl Gottlieb · Literarische Vorlage: Peter Benchley · Kamera: Bill Butler · Musik: John Williams · Schnitt: Verna Fields · Produktion: David Brown, Richard D. Zanuck

EIN FISCH NAMENS WANDA

1988

Ein Juwelenraub und seine Folgen. Es war nicht der erste Film zu diesem Thema, aber es ist der mit Abstand lustigste. Kevin Kline brilliert hier als dämlicher Killer Otto. Dass er Watergate für eine Wildwasserbahn in Disneyland hält, ist beileibe nicht seine größte Bildungslücke. Da hilft es auch nicht, dass er Nietzsche im Original gelesen hat. (Aber wahrscheinlich behauptet er nur, lesen zu können.) Otto ist kein Charakter; er ist ein Fall für die Hirnforschung.

Jedes Mal versuche ich, die Fassung zu wahren, wenn Archie Leach mit seinem Fantasie-Russisch Wanda Gershwitz auf Touren bringt – und immer scheitere ich. Dabei weiß ich genau, wie trocken das Brot ist, auf dem man beim Kreieren von Gags die meiste Zeit rumkaut. Eine Zeitlang lebte ich vom Sketche-Schreiben, das war eine gute Schule in Bescheidenheit und Beherrschung. Ich erinnere mich, dass wir montagmorgens um Punkt zehn in

der Redaktion des Senders saßen, Schauspieler, Autoren, Regisseur, und die Sketche mit verteilten Rollen lasen. Doch egal, wie gut ein Joke war: Nie hat jemand eine Miene verzogen. Der Redakteur thronte am Stirnende eines sehr großen Tisches, die Lider auf halb acht. Er rauchte Gauloises ohne Filter, hörte sich alles schweigend an und erklärte am Ende nur: »Kommt ... kommt nicht ...«
Was ich davon halte, sich übers Stottern oder jede andere Behinderung lustig zu machen, sagte ich ja schon am Beispiel von *The King's Speech*. Doch bei *Ein Fisch namens Wanda* verhält sich das anders. Hier steigert Otto sich in eine solche Suada hinein, dass man es nur als eine Facette seiner maßlosen Blödheit versteht.
Trivia: Der sechsundfünfzigjährige dänische Arzt Ole Bentzen lachte sich zu Tode, als er 1989 den Film schaute. Vermutlich gibt es schlimmere Arten zu sterben.

EIN FISCH NAMENS WANDA (A FISH CALLED WANDA)
Regie: Charles Crichton · Drehbuch: John Cleese, Charles Crichton · Kamera: Alan Hume · Musik: John Du Prez · Schnitt: John Jympson · Produktion: Michael Shamberg

ALIEN

1979

Sigourney Weaver. Man könnte meinen, sie hätte in diesem Film nicht viel zu spielen gehabt. Eine Frau kämpft gegen ein außerirdisches Untier ums nackte Überleben. Das klingt weiß Gott nicht nach einer Oscarnominierung. (Obwohl sie das Jahre später mit der Fortsetzung *Aliens – Die Rückkehr* tatsächlich geschafft hat.) Weaver war die erste Actionheldin des Kinos, meines Wissens. Auch das ist keine besondere Leistung an sich. Aber diese Frau hat etwas an sich, eine Mischung aus Härte und Verletzlichkeit, die ihr Spiel auszeichnet. Vor allem, weil es nie gespielt wirkt.
Ich könnte jetzt ellenlang über die Erzählsprache schreiben, das Bildergewitter, den Sound und die Musik, hätte Lust, endlos von Sigourney Weaver zu schwärmen. Und dann wäre da natürlich noch dieses Vieh von HR Giger, das dafür sorgte, dass ich sogar auf der Zunge Gänsehaut hatte. Was mir aber spontan in den Sinn kommt, ist Elke, meine

damalige Kommilitonin. Sie war das hübscheste Mädchen in meinem Uni-Seminar, mit so einem winzigen schwarzen Dingsbums auf der Wange und einem Lispeln, das mich verrückt machte. Es war unsere erste Verabredung. Wir waren Pizza essen, und es lief nicht besonders gut. Sie wollte noch ins Kino, eigentlich in *Tess*, aber wir waren zu spät dran, und Elke mochte keinen Film ohne Werbung sehen. (Bei mir ist es umgekehrt, damals wie heute.) Also *Alien*. Die ganze Zeit hat sie meine Hand umklammert. Nach der Vorstellung hatte sie Angst, allein nach Hause zu gehen. Das war mir ziemlich recht. In ihrer Wohnung lagen wir uns in den Haaren; damals hatte ich noch welche. Es ging drei Wochen, dann fing sie was mit einem Typen an, der einen roten Alfa Spider fuhr und Vergil auf Latein zitierte. Trotzdem geiler Film. Auf meiner persönlichen Adrenalinskala von 1 bis 10 kriegt er eine 12.

ALIEN

Regie: Ridley Scott · Drehbuch: Dan O'Bannon, Ronald Shusett · Kamera: Derek Vanlint · Musik: Jerry Goldsmith · Schnitt: Terry Rawlings, Peter Weatherley · Produktion: Gordon Carroll, David Giler, Walter Hill

SILVERADO

1985

»Mensch, was findest du bloß an Western?« fragte eine Freundin mich mal. »Wieso«, sagte ich. »Das sind Dramen, in denen Pferde mitspielen.«
In den meisten guten Western sind es Frauen, die herausragen. In *Silverado*: Linda Hunt, die eine so toughe Saloonwirtin aus dem Ärmel zaubert, dass Rosanna Arquette, gut zwanzig Zentimeter größer und zehn Mal hübscher, gegen sie verblasst. Hunt gehört zu jenen Schauspielerinnen, die einem für immer unvergesslich sind, wenn man sie einmal gesehen hat. Ihre Performance als Fotograf Billy Kwan in *Ein Jahr in der Hölle* trug ihr einen Oscar ein. Für die Darstellung eines Mannes. Sie ist die Einzige, der das je gelang.
Lawrence Kasdans Arbeiten als Autor mochte ich schon immer, zum Beispiel *The Big Chill* und *Body Heat*. Das Drehbuch zu *Silverado* verfasste er mit seinem Bruder Mark und inszenierte selbst. Der Film ist von 1985, wirkt jedoch absolut klassisch.

Er könnte genauso gut von Howard Hawks oder John Ford sein, eine Verbeugung der Kasdans vor dem Kino ihrer Kindheit.

Selten war ein Kampf so aussichtslos. Aber mit der Hoffnungslosigkeit beginnt laut Sartre der wahre Optimismus. Wieder ist es Freundschaft, die alle Gefahren überwindet. Freundschaft: das größte Thema überhaupt.

Kevin Kline, Scott Glenn, Linda Hunt, John Cleese, Jeff Goldblum, Kevin Costner, Danny Glover, Brian Dennehy, Rosanna Arquette. Ich musste das hier mal aufzählen. Wenn möglich sollte man den Film im Original schauen. John Cleese spielt den Sheriff mit Oxford-Akzent. Der Monty-Python-Godfather besitzt die Fähigkeit zu parodieren, ohne sich über irgendjemanden, irgendwas lustig zu machen. Das ist die hohe Schule. Im Showdown dürfen wir das beste Revolverduell der Filmgeschichte genießen. Unter Superlativen tut's dieser Film nicht.

SILVERADO

Regie: Lawrence Kasdan · Drehbuch: Lawrence Kasdan, Mark Kasdan · Kamera: John Bailey · Musik: Bruce Broughton · Schnitt: Carol Littleton · Produktion: Lawrence Kasdan

AVATAR – AUFBRUCH NACH PANDORA

2009

Von einem Mann, dessen Hollywoodkarriere mit *Piranha 2 – Fliegende Killer* begonnen hatte, war nicht unbedingt Großes zu erwarten. Doch James Cameron ging seinen Weg und wurde einer der bahnbrechenden Bilderstürmer des Kinos; wer bei ihm Überwältigung ordert, bekommt sie auch. In vierzig Jahren hat er bloß neun abendfüllende Filme gedreht. Sieht man von seinem Debüt und *Avatar II* ab, sind sie alle Meilensteine.

Eine Freundin guckte den Film im Fernsehen und meinte danach, er sei so lala, nicht schlecht, aber auch nicht wirklich gut. Ich wünschte, ich hätte sie in den Zoo Palast schleppen können. *Avatar* im TV zu schauen, ist etwa so, als würde man versuchen, Jacopo Tintorettos Gemälde *Die Entstehung der Milchstraße* aus einem Kilometer Entfernung zu betrachten. Dieses 3-D-Panorama ist allein für die ganz große Leinwand gemacht, schon ein Kino mit hundert Plätzen wäre zu klein dafür.

Normalerweise gebe ich einem Film gut fünfzehn Minuten, um mein Interesse zu wecken. *Avatar* hatte mich nach zehn Sekunden. Es gab so viel auf die Augen und die Ohren, dass ich beim Abspann merkte: Nachos und Cola vergessen.
Man kann das Werk auch intellektuell analysieren, wenn's konveniert. Die US-Publizistin Naomi Wolf sah darin ein Paradigma des modernen Krieges; gelangweilte Technokraten werfen Brandbomben auf grüne Täler und schlachten unterschiedslos Na'vi-Krieger und wehrlose Frauen und Babys ab, während sie an ihrem Kaffee nippen.
Ja, wer's unbedingt braucht. Filme, die mich zum Nachdenken bringen, mag ich. Aber Filme, über die ich nachdenken muss, um sie zu verstehen, interessieren mich nicht. Gilt auch für Romane. Das Beste ist, man steigt einfach auf Camerons Flugdrachen und dreht eine Runde über Pandora. Und spart sich das Geld für die Fortsetzungen.

AVATAR – AUFBRUCH NACH PANDORA (AVATAR)
Regie: James Cameron • Drehbuch: James Cameron • Kamera: Mauro Fiore • Musik: James Horner • Schnitt: John Refoua, Stephen E. Rivkin, James Cameron • Produktion: James Cameron, Jon Landau

TANZ DER VAMPIRE

1967

Der an Einstein erinnernde Professor Abronsius wird unter Hohngelächter von der Universität Königsberg verjagt, weil seine bahnbrechenden Thesen zum Vampirismus für Humbug gehalten werden. Wie alle großen Geister lässt Abronsius sich aber nicht beirren. Mit seinem treuen Diener Alfred bricht er zu einem Zwei-Mann-Kreuzzug in die Untiefen der Karpaten auf, um seinen Namen reinzuwaschen und die Welt ein für alle Mal von der blutsaugenden Geißel zu befreien. Als ihnen in Transsilvanien der Knoblauch ausgegangen ist und sie mit dem Pferdeschlitten aus dem Schloss des nachtaktiven Grafen Krolock fliehen, endet ihre Mission mit diesen erschütternden Worten des Erzählers: »In jener Nacht wusste Professor Abronsius noch nicht, dass er das Böse, das er für immer zu vernichten hoffte, mit sich schleppte. Mit seiner Hilfe konnte es sich endlich über die ganze Welt ausbreiten.«

Was dazwischen seinen Lauf nahm, entzieht sich jeder seriösen Kritik, schon deshalb, weil ständige Lachkrämpfe das Anfertigen von Notizen absolut unmöglich machen. Liebend gern besäße ich ein Exemplar des Buches, das im Film eine wichtige Rolle spielt: *Hundert Wege, sich in das Herz einer Jungfrau zu schmeicheln*. Was in der englischen Fassung natürlich unvergleichlich schöner klingt: *A Hundred Goodlie Ways of Avowing One's Sweet Love to a Comlie Damozel.*
Wann ist etwas komisch? Die simpelste Antwort wäre: wenn gelacht wird. Aber das hilft Autoren nicht weiter. Sie müssen einen Humor liefern, auf den möglichst viele Menschen sich verständigen können. Sonst ist der Autor der Einzige, der lacht. Gérard Brach, Polańskis Drehbuchschreiber, muss als Baby in einen Bottich mit Humortrank gefallen sein, das ist die einzige Erklärung.
Ein Film wie ein Holzpflock ins Zwerchfell.

TANZ DER VAMPIRE (THE FEARLESS VAMPIRE KILLERS)
Regie: Roman Polański · Drehbuch: Roman Polański, Gérard Brach · Kamera: Douglas Slocombe · Musik: Krzysztof Komeda · Schnitt: Alastair McIntyre · Produktion: Gene Gutowski, Martin Ransohoff

MASTER AND COMMANDER

2003

Unter meinen Herzensfilmen finden sich zwei, in denen keine einzige Frau auftritt. Doch in *Master and Commander* ist es gerade die vollkommene Abwesenheit von Frauen, die uns immer wieder trifft. So etwa, wenn dem Midshipman Blakeney, ein Kind noch, der Arm amputiert wird und wir in seinen Augen sehen, dass er stumm nach seiner Mutter ruft.
An diesem Menschenschlag schätze ich besonders den Pragmatismus. Als Nelson in der Schlacht vor Teneriffa der Arm ohne Betäubung abgenommen wurde, ertrug er es klaglos, verfügte aber danach, dass in den Sanitätsräumen der Schiffe in Zukunft besser geheizt werden solle.
Die Handlung von *Master and Commander* erzählt sich schnell: In den Wirren der Napoleonischen Kriege spielt die britische Fregatte HMS Surprise im Westatlantik ein Spiel auf Leben und Tod mit dem französischen Freibeuterschiff Acheron.

Patrick O'Brians Romane, auf denen *Master and Commander* beruht, las ich erst, nachdem ich den Film gesehen hatte. Seitdem gehören sie zu den Schätzen in meinem Regal, und die Beschäftigung mit Kriegsschiffen des 18. und 19. Jahrhunderts wurde zu einer großen Leidenschaft. Peter Weirs Verfilmung wird den ohnehin süchtig machenden Romanen nicht bloß gerecht, sondern potenziert ihre Wucht noch einmal. Und das war ungefähr so unmöglich, wie einen Sonnenaufgang in Key West zu verbessern. O'Brians Bücher geben uns einen Eindruck vom Alltag an Bord eines Kriegsschiffes, erzählen vom Aufdämmern der Moderne, dem Dünkel der britischen Oberklasse. Im Grunde geht es, wie so oft in den Filmen dieses Buches, jedoch um Freundschaft.
Der Ordnung halber: Falls jetzt jemand an einen Piratenfilm denkt – damit hat der hier so viel zu tun wie *12 Monkeys* mit Affen.

MASTER AND COMMANDER
Regie: Peter Weir · Drehbuch: John Collee, Peter Weir · Literarische Vorlage: Patrick O'Brian · Kamera: Russell Boyd · Musik: Iva Davies, Christopher Gordon, Richard Tognetti · Schnitt: Lee Smith · Produktion: Peter Weir, Duncan Henderson, Samuel Goldwyn jr.

THE COMMITMENTS

1991

»Bedenke, dass jemand, der an deine Tür klopft, vom Himmel geschickt sein könnte«, sagt ein altes irisches Sprichwort. Die *Commitments* haben ganz schüchtern bei mir angeklopft, als Notlösung, weil *Terminator 2* ausverkauft war. *Einige Underdogs aus einem Dubliner Arbeiterviertel beschließen, den Soul nach Irland zu holen, und gründen eine Band.* Das stand auf einem Infoflyer, der im Zoo Palast am Kassenhäuschen auslag. Okay, dachte ich. Den Werbetexter sollte man zwar entlassen oder in ein Schweigekloster verbannen, aber das bedeutet ja nicht zwangsläufig, dass der Film nichts taugt. Ich erinnerte mich an eine Reklame für *Die Farbe Lila*, in der es geheißen hatte: *Eine blutjunge schwarze Sklavin erlebt viel Schlimmes, bis sie ihren Frieden findet.* Nach einer Stunde *Commitments* vibrierten die Sessel, weil alle sich zur Musik bewegten – und das in einer Multiplexkatakombe mit dem Charme einer Tierkadaverbeseitigungsanlage.

Dieser Film spricht alle Sinne an, ja sogar den Körper. Das ist es wohl, was Kino von Literatur unterscheidet, das, was ich mir seit *Todesgrüße aus Shanghai* von jeder Kinokarte erhoffe. Aber natürlich ist der Vergleich ein wenig ungerecht, wenn er am Beispiel eines Musikfilms angestellt wird. Und ja: Auch Literatur kann überwältigen; daran glaube ich, sonst würde ich keine Romane schreiben.

The Commitments, am besten Kippe und Guinness dazu, dann entdecke ich den Otis Redding in mir. Später las ich auch den Roman von Roddy Doyle, dem Freund eines Freundes, feiner Kerl. Das Buch ist großartig, ohne jeden Zweifel, aber mein Fuß hat nicht mitgewippt.

Noch eine Bemerkung zu Andrew Strong: Bei den Dreharbeiten war er siebzehn. Ich kann das bis heute nicht glauben, wenn ich höre, wie der Kerl *The Dark End of the Street* röhrt.

THE COMMITMENTS

Regie: Alan Parker · Drehbuch: Dick Clement, Ian La Frenais, Roddy Doyle · Literarische Vorlage: Roddy Doyle · Kamera: Gale Tattersall · Musik: The Commitments · Schnitt: Gerry Hambling · Produktion: Lynda Myles, Roger Randall-Cutler

AMERICAN HISTORY X

1998

Am 26. März des Jahres, in dem dieser Film in die amerikanischen Kinos kam, wurde Jana Georgi, ein vierzehnjähriges Mädchen, im thüringischen Saalfeld von einem ehemaligen Schulkameraden, nur ein Jahr älter, auf der Straße erstochen. Als Mordmotiv gab er bei der Polizei an, von Jana als »Fascho« beschimpft worden zu sein. Obwohl der Täter nachweislich rechtsextrem war, versteifte das Gericht sich darauf, dass es sich hier um ein Eifersuchtsdrama gehandelt habe, da der Junge unglücklich in sein Opfer verliebt gewesen sei. Fünfeinhalb Jahre wegen Totschlags.
Der Skinhead Derek Vinyard, grausamer Killer von zwei Schwarzen, die nachts vor seinem Haus sein Auto stehlen wollten, hinterfragt während seiner dreijährigen (sic) Haftstrafe sein falsches Leben und wendet sich dann von der »arischen Bruderschaft« ab. Nach der Entlassung aus dem Gefängnis will Derek verzweifelt seinen kleinen

Bruder Danny retten, der inzwischen ebenfalls in die Neonaziszene geraten ist. Es gelingt ihm, aber Danny wird von einem schwarzen Mitschüler auf der Schultoilette erschossen.

Eine solche Geschichte muss man sich trauen. Der mittelschwer egomanische Regisseur Tony Kaye hat sich damals vom Final Cut distanziert, auch deshalb gab es zahlreiche Kontroversen um den Film. Aber das ändert nichts an der verstörenden Wucht von *American History X*. So ähnlich muss ein Stiefeltritt in die Fresse sich anfühlen.

Edward Norton spielt diesen Derek derart radikal und furchterregend, dass ich mich im Kinosessel verkrampft habe, jeder Muskel zu Stein wurde. Bei der Wahl seiner Rollen hat Norton vielleicht nicht immer das beste Händchen gehabt. Aber für mich ist er gemeinsam mit dem früh gegangenen und dennoch vollendeten Philip Seymour Hoffman der eindrucksvollste Schauspieler seiner Generation.

AMERICAN HISTORY X

Regie: Tony Kaye · Drehbuch: David McKenna · Kamera: Tony Kaye · Musik: Anne Dudley · Schnitt: Gerald B. Greenberg, Alan Heim · Produktion: John Morrissey

GANZ ODER GAR NICHT

1997

Eben Dublin, jetzt Sheffield; und wieder ist es ein Hohelied auf unbesungene Working-Class-Heroes. Eine Handvoll arbeitslose Jungs sagen sich: Was die Chippendales können, können wir schon lang! Jedes Mal, wenn ich den Film sehe, legt er sich wie eine Heizdecke auf mein Herz. Ihr wisst ja, Leute, Herzheizdecken findet man sehr selten, die gibt es nicht im Dutzend billiger. Gerade denke ich daran, wie ich meine Cousine Conny geheiratet habe, in Ost-Berlin, 1986. Ihr dortiger Freund hatte nach sieben abgelehnten Ausreiseanträgen versucht, über die tschechoslowakische Grenze zu fliehen, und war dafür in einem Schnellprozess zu zwei Jahren Gefängnis verurteilt worden. Auch Conny wollte raus. Aber das war aussichtslos. Deshalb machte ich ihr den Vorschlag, eine Scheinehe mit mir einzugehen, um sie auf diesem Weg in den Westen zu holen. So gut wie keiner aus unserem Umfeld glaubte, dass es gelingen könnte, aber wir haben es geschafft. Manchmal ist das Leben der größte Erzähler. Das Hochzeitsfoto, auf dem ich im Standesamt am Alex unter einem Bild von Honecker stehe, hole ich heute noch manchmal hervor. Zu der Feier kamen meine Freunde aus dem Westen und ihre aus dem Osten. Wir hatten das Babylon-Kino in Mitte angemietet, wo wir es krachen ließen. Conny hatte einen Stripper aus Eisenach engagiert – nannte sich Ausdruckstanz, glaube ich. Auf dem Höhepunkt seiner Darbietung lüftete er den Mantel und zog direkt vor meiner angereisten Mutter blank. Viele Jahre nach ihrem Tod habe ich noch immer ihr Gesicht vor Augen und leiste ihr stumm Abbitte.

Als *Ganz oder gar nicht* 1997 ins Kino kam, habe ich den Film verflucht. Ein paar Tage vorher hatte ich die Idee für ein Drehbuch mit dem Arbeitstitel *Männerstrip im Hunsrück* gehabt. Vergammelt in meiner Ablage unter T – wie tot.

GANZ ODER GAR NICHT (THE FULL MONTY)

Regie: Peter Cattaneo · Drehbuch: Simon Beaufoy · Kamera: John de Borman · Musik: Anne Dudley · Schnitt: David Freeman, Nick Moore · Produktion: Uberto Pasolini

AN JEDEM VERDAMMTEN SONNTAG

1999

Oliver Stone produziert so viel Testosteron, dass er es nicht spüren würde, wenn ihm auf einem roten Teppich jemand ein Bein abhackte. Nein, ich bin kein Fan von Stone, nie gewesen, selbst seine Farbdramaturgie macht eine große Welle. Diesen Film habe ich mir lediglich angesehen, weil ich auf American Football stehe (Dallas Cowboys). Doch darum geht es in *An jedem verdammten Sonntag* nur auf den ersten flüchtigen Blick. So, wie meine Harley oberflächlich besehen bloß ein Motorrad ist. Hier wird gezeigt, dass man Hingabe braucht, um über seine Grenzen zu gehen. Und ausgelotet, welchen Preis man dafür zu zahlen bereit ist. Es wird also jene Frage verhandelt, die ich mir bei jedem Roman irgendwann stelle. Hilfreich ist, Schreiben nie mit Spaß zu verwechseln. Reinhold Messner hat auf die Frage, ob das Besteigen von Achttausendern Spaß mache, einmal geantwortet: »Der Profi fängt dort an, wo der Spaß aufhört.«

Ziemlich am Anfang des Films sagt der Priester zu dem in der Kabine versammelten Footballteam: »In Schützengräben gibt es keine Atheisten.« Da habe ich zum ersten Mal die Lauscher aufgestellt. 157 Minuten Powerplay. Al Pacinos Ansprache an die Mannschaft vor der entscheidenden Schlacht ist ein Monolog, der dir als Zuschauer das Gefühl gibt, du wärst in diesem Moment in der Kabine, bis zur Schädeldecke voll mit Adrenalin, alle Angst und alle Schmerzen vergessend am wichtigsten Tag deines Lebens.
»Die Frau würde ihr eigenes Junges fressen«, sagt Charlton Heston im Film über die Teambesitzerin, gespielt von Cameron Diaz. Auf den Humor fahre ich ab. Übrigens versuchte in den Neunzigern ein RTL-Redakteur erfolglos, mich zu überreden, ein Football-Drehbuch für ihn zu schreiben. Den Titel hatte er schon: *Tod in der Endzone*. Da sieht man sich als Autor auf der Via Dolorosa.

AN JEDEM VERDAMMTEN SONNTAG (ANY GIVEN SUNDAY)
Regie: Oliver Stone · Drehbuch: Oliver Stone, Daniel Pyne, John Logan · Kamera: Salvatore Totino · Musik: Richard Horowitz, Paul Kelly · Schnitt: Stuart Levy, Stuart Waks, Keith Salmon, Thomas J. Nordberg · Produktion: Dan Halsted, Clayton Townsend, Lauren Shuler Donner

DER MIT DEM WOLF TANZT

1990

Für meinen Roman *Ritchie Girl* musste ich mich intensiv mit amerikanischer Geschichte befassen, da meine Hauptfigur dieses Fach studiert hatte. (Dennoch gilt: Deine Hauptfigur sollte stets mehr wissen als du selbst, sonst vermag sie dich nicht mehr zu überraschen.) Recherchen sind lehrreich; bei dieser hier lernte ich, dass die Bisons nicht zu Millionen abgeschossen wurden, weil man ihr Fell oder ihr Fleisch erbeuten wollte; nein, man hat es getan, um den Indianern ihre Nahrungsgrundlage zu entziehen, sie verhungern zu lassen. Das führt uns wieder zu den Achttausendern. Als Edmund Hillary gefragt wurde, wieso er den Mount Everest besteigen wolle, sagte er: »Weil er da ist.« Ähnlich schlicht ist auch die Erklärung dafür, warum die Weißen die Indianer mit aller Macht ausrotten wollten: weil sie da waren. Davon handelt dieser Film: von Sinnlosigkeit. Die erste einfühlsame, der Kultur der amerikanischen Ureinwohner gerecht werdende Darstellung im US-Kino war es sowieso. »Unter allen Fährten im Leben gibt es eine, die am meisten zählt. Es ist die Fährte, die zum wahren Menschsein führt«, sagt Häuptling Kicking Bird zu John J. Dunbar. Ehrfurcht vor der Schöpfung und dem Leben zu haben, das ist das große Plädoyer des Films.

Nicht alle weißen Kritiker waren dieser Meinung. Es gab unter ihnen welche, sogar in *Variety*, für deren Elaborate Klopapier zu schade gewesen wäre. Was haben die so gemacht, wenn sie nicht gerade Schaum vorm Mund hatten? Südstaaten-Devotionalien gesammelt?

Und Kevin Costner? Der hat sein ganzes privates Geld in diesen Film gesteckt. Hat alles gewagt und alles gewonnen. Und 1995 mit *Waterworld* wieder verzockt. Dass der Mann ein Eckenpisser ist, kann man ihm wahrlich nicht nachsagen.

DER MIT DEM WOLF TANZT (DANCES WITH WOLVES)

Regie: Kevin Costner · Drehbuch: Michael Blake · Literarische Vorlage: Michael Blake · Kamera: Dean Semler · Musik: John Barry · Schnitt: Neil Travis · Produktion: Kevin Costner, Jim Wilson

MATRIX

1999

Mensch gegen Maschine, natürlich war das nicht neu; Fritz Lang schmult hier in jede Einstellung. »Neo, früher oder später wirst du gewahr werden, dass es einen Unterschied macht, ob man den Pfad kennt oder den Pfad geht.« Auch diese und andere Weisheiten, die der Film mit 180 Beats per Minute rausknallt, haben die Wachowskis nicht erfunden; das meiste findet sich im Selbstbedienungsladen für Buddhisten um die Ecke. Aber alles zusammen, die Geschichte, die Bilder, das Tempo, die Effekte, der Rhythmus, diese permanente Reizüberflutung, war ein riesiges Wagnis und weiß Gott nicht bloß finanziell. Selbstverständlich wussten die beiden Schwestern, bzw. damals noch Brüder, dass das alles katastrophal hätte schiefgehen können. So wie jedem Künstler vor dem Beginn einer Arbeit bewusst sein muss, dass die Wahrscheinlichkeit zu scheitern ungleich größer ist als die Chance, dass es gelingt.

Aus diesem Film hätte ein so gigantisches Kitsch-Monument werden können, dass es noch aus dem Weltall zu sehen gewesen wäre. Doch am Schluss war *Matrix* ein einziger Triumph.
»Warum tun meine Augen weh?« fragt Neo.
»Du hast sie noch nie benutzt«, sagt Morpheus.
Mir ging es danach ähnlich.
Ich weiß noch, wie ich anschließend mit ein paar Freunden bei einem Portugiesen war und sagte: »*Matrix* bedeutet für das Kino das Gleiche wie die Erfindung des Tonfilms.«
»Hättest du geschwiegen, wärst du ein Philosoph geblieben«, heißt es. Hätten die Wachowskis es beim ersten Teil belassen, wären sie Göttinnen. Dass ich in *Matrix 4* ging, kann ich mir allein mit einer neurotischen Zwangsstörung erklären. Es war wie nach dem zweiten und dem dritten Teil: Ich wünschte, ich hätte die blaue Pille genommen und könnte den Schrott vergessen.

THE MATRIX
Regie: Die Wachowskis • Drehbuch: Die Wachowskis • Kamera: Bill Pope • Musik: Don Davis • Schnitt: Zach Staenberg • Produktion: Joel Silver

DIE REIFEPRÜFUNG

1967

War ich in dem Alter so? Himmel bewahre. Siehe die Vollendung meiner schulischen Karriere auf einem Mädchengymnasium. Wir haben seltsame Pilze geraucht und Anaïs Nins *Delta der Venus* einem Praxistest unterzogen. Das war Lichtjahre entfernt von diesem Benjamin Braddock, der für Dustin Hoffman den internationalen Durchbruch bedeutete. Aber Ben ist zehn Jahre älter als ich, und die sexuelle Befreiung steckte 1967 noch in den Anfängen. Folgerichtig ist er in diesem Film der spätpubertierende König der Verklemmten. Vor Mrs. Robinson dürfte Bens einzige erotische Erfahrung aus speckigen Hustler-Heftchen unter der Bettdecke bestanden haben. Zwei Akte lang will man ihn schütteln; er weiß ja nicht mal, wie man mit Zunge küsst. Als er seine Lippen auf die von Mrs. Robinson gedrückt hat, wendet sie den Kopf ab und pustet, ohne die Miene zu verziehen, den kalten Zigarettenrauch ins Zimmer.

Mein Gott, diese Frau. Sie begutachtet Ben wie einen exotischen Nachtfalter, den sie mit einer Stecknadel aufspießen wird, um ihn dann in ihre Sammlung aufzunehmen. Natürlich ist sie scharf auf ihn. Bloß lässt sie ihn das nicht spüren. Anne Bancroft, geboren als Anna Maria Louisa Italiano, muss man nur in *Am Wendepunkt* gesehen haben, um ihr zu verfallen. Und Ben? Der taumelt durch den Film, sein Leben eine Geisterbahn. Aber umso schöner ist der dritte Akt der Heldenreise, wenn er mit Elaine flieht und die Kirchentür mit dem Kreuz verriegelt. Jawollja, man kann christliche Scheinheiligkeit mit einem subtilen Holzhammer bloßstellen. Folgerichtig urteilte der *Evangelische Filmbeobachter* gnatzig: *Verwaschener Hollywood-Film, bei dem nicht mal klar wird, ob die bisweilen auftretende Komik gewollt oder ungewollt ist. Unnötig.*
Amen.

DIE REIFEPRÜFUNG (THE GRADUATE)
Regie: Mike Nichols · Drehbuch: Calder Willingham, Buck Henry · Literarische Vorlage: Charles Webb · Kamera: Robert Surtees · Musik: Dave Grusin, Paul Simon · Schnitt: Sam O'Steen · Produktion: Lawrence Turman

KILL BILL

2003

Beatrix Kiddo alias Black Mamba hat vier Jahre im Koma gelegen. Nachdem sie aufgewacht ist, tötet sie den Pfleger, der ihren Körper an Vergewaltiger und Sodomisten verkauft hat. Das Auto, mit dem sie aus der Klinik flüchtet, ist ein kanariengelber Pick-up, auf dem *Pussy Wagon* prangt. Im Delphi war mir spätestens jetzt klar, dass ich eine zweite Portion Nachos brauchen würde.

Diese Black Mamba ist eine absolut wahnsinnige Figur, die daherkommt, als hätten Schopenhauer, der Manga-Großmeister Yukito Kishiro und der Jerry-Cotton-Erfinder Delfried Kaufmann einen gepflegten Joint zusammen geraucht. Aber genau das fasziniert mich daran, dieses Marimbaspielen mit soziokultureller Ikonografie. Und Trash ist mir alles andere als fremd; ich kann mit indonesischen oder philippinischen Martial-Arts-Filmen meinen Spaß haben. Vielleicht lese ich später im Bett noch Wittgenstein, zum Runterkommen.

Und Tarantino: Von all seinen Filmen mag ich nur diesen und *Jackie Brown*. Bei den anderen ist es immer dasselbe Spiel: Sie fangen sensationell an, verflüssigen sich dann rasend schnell und werden zu Schmieröl im Getriebe ihrer aufgepimpten, sich selbst kannibalisierenden Dramaturgie. *Kill Bill* ist jedoch eine solche Gaudi, dass ich, wenn ich einen der zwei Teile beim Zappen erwische, zwanghaft zu Ende schauen muss. Das ist wie mit einer Tafel Nugatschokolade. Es ist mir immer unbegreiflich geblieben, wie manche Menschen es schaffen, nur eine Rippe davon zu essen.
Budd sagt im zweiten Teil zu seinem Bruder Bill: »Die Frau verdient ihre Rache. Und wir verdienen den Tod.« Zettai. Die Konsequenz, mit der diese Rachegeschichte uns erzählt wird, hätte Euripides' Elektra gefallen. Und wir hätten es verdient, dass Quentin Tarantino noch einmal so etwas zustande bringt.

KILL BILL
Regie: Quentin Tarantino · Drehbuch: Quentin Tarantino · Kamera: Robert Richardson · Musik: The RZA · Schnitt: Sally Menke · Produktion: Lawrence Bender

ALL THE PRESIDENT'S MEN

1976

Schon der Anfang: Dokumentaraufnahmen der Landung des Helikopters Marine One auf dem Rasen vor dem Kapitol, in dessen ehrwürdigem Saal Nixon gleich vor seinen Jüngern sprechen wird. Aus dem Off tönt die andächtige Stimme der Anchorman-Legende Walter Cronkite: »Ein erstaunliches Timing. Der Präsident fliegt quer durch die ganze Welt und trifft fast exakt zur vorgesehenen Uhrzeit um 21:30 Uhr vor dem Repräsentantenhaus ein.«
Nixon ist auf dem Gipfel seiner Macht und ahnt noch nicht, dass er schon bald mit Kissinger im Oval Office zum Beten niederknien wird. Ehe er zwei Jahre nach der Rede im Kapitol (aber nicht im Film) mit demselben Helikopter vom Rasen des Weißen Hauses abhebt, um seinen Ruhestand in Schande anzutreten, spricht er letzte Worte als Präsident: »Auch wenn ich euch heute verlasse, eins will ich euch sagen: Ich bin kein Gauner.«

Ich weiß nicht, ob Uwe Barschel sich eingehend mit Nixon befasst hat, aber wenn ja, hat er sich dessen Gesichtsausdruck gut gemerkt.
Als Woodward und Bernstein mitten in der Nacht bei ihrem Chefredakteur klingeln und zugeben, dass sie in einer Sackgasse gelandet sind, sagt der: »Ihr seid wahrscheinlich sehr müde. Fahrt heim, legt euch in die Wanne und entspannt fünfzehn Minuten. Aber dann setzt eure Ärsche wieder in Gang. Wir stehen unter Beschuss, weil ihr beide dafür gesorgt habt. An eurer Arbeit hängen der erste Verfassungszusatz, die Freiheit der Presse und möglicherweise die Zukunft unseres Landes. Nicht, dass irgendwas davon wichtig wäre.«
Ja, Journalismus wäre nichts für mich gewesen, aber wenn ich diesen Film sehe, denke ich jedes Mal: Verflucht, ich hätte zu gern für eine Zeitung geschrieben, deren Chefredakteur so ein lässiger Scheißkerl ist wie Jason Robards.

ALL THE PRESIDENT'S MEN

Regie: Alan J. Pakula · Drehbuch: William Goldman · Literarische Vorlage: Carl Bernstein, Bob Woodward · Kamera: Gordon Willis · Musik: David Shire · Schnitt: Robert L. Wolfe · Produktion: Walter Coblenz, Jon Boorstin, Michael Britton

MISSISSIPPI BURNING

1988

»Was duftet gut und stinkt dabei zum Himmel? Mississippi«, sagt FBI-Agent Rupert Anderson breit grinsend zu seinem jungen Kollegen Alan Ward, als sie 1964 ins Jessup County unterwegs sind, eine Ku-Klux-Klan-Hochburg, in der zwei weiße Bürgerrechtler und ein Schwarzer über Nacht spurlos verschwunden sind. Bei Anderson, gespielt von Gene Hackman, fragt man sich lange Zeit, ob er nun ein Rassist oder ein Opportunist ist. Aber dann packt er in einer Billardkaschemme, in der Ku-Klux-Klan-Sheriffs abhängen, ein höchst widerliches Exemplar der Gattung »Arier« bei den Eiern, was in diesem Fall wörtlich zu nehmen ist, und macht klar, wo er steht.

»Wir haben im Süden zwei ganz unterschiedliche Kulturen«, konstatiert der Bürgermeister dieses Drecksnests einmal. »Eine weiße Kultur und eine schwarze Kultur. So ist es immer gewesen, und so wird es immer sein.«

Das sagt er fünfzig Jahre vor »Black Lives Matter«. Als meine Frau und ich vor einigen Jahren durch Georgia, Alabama, Louisiana, Arkansas getourt sind, waren wir in Käffern, wo die Weißenlokale auf der linken und die Schwarzenlokale auf der rechten Seite der Straße standen. Wenn ich diese sechsrädrigen Pick-ups mit den Südstaatenflaggen und den Gewehrständern sah, die breitmäuligen Hackfressen, kam's mir mehr als einmal hoch. Vor einem Diner in Montgomery, Alabama quatschte ich während einer Zigarette mit einem Hippie, der Flip-Flops und ein verwaschenes T-Shirt mit dem Aufdruck *All I care about is Tacos* trug. Netter Kerl, dachte ich, hat vernünftige Ansichten übers Leben, steht auf die gleichen Bands wie ich. Bis er meinte: »Ich bin kein Rassist oder sowas. Ich find halt nur, die Nigger sollten besser für sich sein.« You know. Früher mochte ich mal Lynyrd Skynyrd, ich kann sie nicht mehr hören.

MISSISSIPPI BURNING

Regie: Alan Parker • Drehbuch: Chris Gerolmo • Kamera: Peter Biziou • Musik: Trevor Jones • Schnitt: Gerry Hambling • Produktion: Frederick Zollo, Robert F. Colesberry

ZWEI HINREISSEND VERDORBENE SCHURKEN

1988

Als kurz vor der deutschen Wiedervereinigung mein Taxi-Musical im Berliner Grips-Theater Uraufführung hatte, war das ein großer Abend für mich. Ausverkauftes Haus, Szenenapplaus, am Ende Standing Ovations. Beim Verbeugen auf der Bühne zitterten meine Knie. Danach holte ich mir an der Bar was zu trinken und hörte einen Mann zu seiner Frau sagen: »Es war toll, aber doch bloß Unterhaltung.« Ich hätte ihm damals gern etwas irrsinnig Kluges vor die Füße gerotzt, aber dazu war ich zu wütend. Jeder Autor weiß, wie schwer das Leichte ist, welche Mühe es kostet, mühelos zu wirken. Drama kann jeder.
Zwei hinreißend verdorbene Schurken handelt von zwei Heiratsschwindlern, die in dem idyllischen Seebad Beaumont-sur-Mer an der französischen Riviera reiche Amerikanerinnen abzocken. Weil das Städtchen zu klein für beide ist, beschließen sie schließlich einen Wettkampf, dessen Verlierer

mit eingezogenem Schwanz verschwinden muss.
Die Aufgabe lautet, einer jungen Frau, die Urlaub in Beaumont macht und unter dem Namen Janet Colgate im Hotel eincheckt, fünfzigtausend Dollar abzuluchsen. Doch am Ende werden die Ganoven in Janet ihre Meisterin gefunden haben.
Dirty Rotten Scoundrels, so der unvergleichlich bessere Originaltitel, benutzt das Zwerchfell der Zuschauer als Punchingball; mehr Witz, Charme, Speed kann keine Komödie haben. Die Auflösung kommt so brutal überraschend, dass man sich an seinem Martini-Cocktail verschluckt, sollte man einen in der Hand halten. Und Michael Caine und Steve Martin sind derart präzise in ihrem Spiel, dass man glauben mag, sie hätten ein Metronom verschluckt.
2019 gab es ein Remake namens *Glam Girls*. Da kann man dann besichtigen, was herauskommt, wenn es Produzenten nur ums Geld geht.

ZWEI HINREISSEND VERDORBENE SCHURKEN
(DIRTY ROTTEN SCOUNDRELS)
Regie: Frank Oz · Drehbuch: Dale Launer, Stanley Shapiro, Paul Henning · Kamera: Michael Ballhaus · Musik: Miles Goodman · Schnitt: Stephen A. Rotter, William S. Scharf · Produktion: Bernard Williams

2001: A SPACE ODYSSEY

1968

Kubrick war klug, das wird niemand ernsthaft bezweifeln. Die berühmte Einstellung, in der ein Homo erectus einen Knochen hochschleudert und dieser sich in eine Raumstation verwandelt, hat in jeder Liste der größten Filmmomente aller Zeiten einen Spitzenplatz. Ich erwähne das, weil schlaue Ideen nicht immer zu einer Sternstunde werden und oft genug auf dem Friedhof der Kopfgeburten landen. Kubrick hat mit seiner Intelligenz niemals geprotzt. Sie kommt meist beiläufig daher, mehr wie eine hochgezogene Augenbraue, ein lässiges Grinsen, ein Fingerschnipsen. Das unterscheidet den Mann von anderen, denen ich ebenfalls Grips unterstelle. Paul Thomas Anderson zum Beispiel, dessen vielgepriesene »Seht her, wie schlau ich bin«-Filme mich völlig kaltlassen.
Mitunter frage ich mich, warum ich *2001* derart schätze. Im Grunde fehlt alles, was ich im Kino suche: Tempo, emotionale Wucht, Witz. Der Tanz

über den Abgründen des Menschlichen. Kubrick hat seine Filme bis in die letzte Winkelsekunde berechnet. Das Drama wird von ihm seziert, und wir schauen Professor Kubrick dabei über die Schulter. Dennoch trifft der Film mich ins Herz. Wirklich erklären kann ich es nicht.

»Guten Tag, ich bin ein HAL-9000-Computer. Ich wurde konstruiert und programmiert in der HAL-Fabrik, in Urbana, Illinois, am 12. Januar 1992. Mein Instrukteur war Mr. Langley, und er hat mir auch ein Lied beigebracht. Wenn Sie es gern hören möchten, werde ich es Ihnen vorsingen.« Schon der Name *Langley* löst ein Kribbeln bei mir aus. Gerade erinnere ich mich an einen vergnüglichen Abend unter Filmmenschen in Hamburg, ist etwa zwanzig Jahre her. Wir sprachen über *2001*, und auf einmal sangen alle *Hänschen Klein*. Eins steht fest: Bei den Regensburger Domspatzen hat man mich nicht vermisst.

2001: A SPACE ODYSSEY

Regie: Stanley Kubrick • Drehbuch: Stanley Kubrick, Arthur C. Clarke • Literarische Vorlage: Arthur C. Clarke • Kamera: Geoffrey Unsworth, John Alcott • Musik: György Ligeti, Aram Chatschaturjan, Johann Strauss, Richard Strauss • Schnitt: Ray Lovejoy • Produktion: Stanley Kubrick

GOTTES VERGESSENE KINDER

1986

2022 starb William Hurt im Alter von 72 Jahren, einer der ganz Großen, ein Gigant. Er hat so viele wundervolle Filme mit seinem Spiel geprägt, dass es mir schwerfiel, einen herauszuheben. Gewiss war *Der Kuss der Spinnenfrau* seine bedeutendste Arbeit, und in *A History of Violence* hat er einen bretthartenKurzauftritt. Aber mein Lieblingsfilm mit Hurt ist *Gottes vergessene Kinder*. Die Liebe zwischen ihm und der gehörlosen Sarah, gespielt von Marlee Matlin, zählt zu den Höhepunkten des Seelenkinos. Es ist sehr schwer, Geschichten über Menschen mit Behinderungen zu schreiben, ohne in Klischeefallen zu tappen. Hier ist es einzigartig gelungen. Allein schon diese Szene, in der Sarah ihren Liebsten bittet, ihr doch zu zeigen, was die Sonette von Bach mit ihm machen. Wie James sich abmüht und scheitert, unendlich verzweifelt, weil er die Musik, seine zweite große Liebe, mit Sarah niemals teilen kann, bricht einem das Herz.

Marlee Matlin. Sie träumte davon, Schauspielerin zu werden. Und schaffte es. Cineasten könnten einwerfen, dass es welche gibt, die besser sind. Doch ich habe vor ihrem Lebensweg und ihrer Karriere größeren Respekt als vor jeder anderen Leistung im Filmgeschäft. Um sich als gehörlose Frau dort durchzusetzen, brauchte es mehr als Talent. Marlee Matlin kam in eine Branche, in der praktisch jeder ein Alphatier ist und einem kaum ein Ego begegnet, das durch die Tür passt. Ich kann das beurteilen.

Bei den Dreharbeiten verliebten Matlin und Hurt sich ineinander und lebten Jahre zusammen. In einem Buch beschuldigte Matlin ihn später, sie geschlagen zu haben. Es war die Wahrheit, und er hat sich öffentlich bei ihr für etwas entschuldigt, das unentschuldbar ist. Als ich von seinem Tod erfuhr, habe ich um den Schauspieler getrauert, nicht um den Menschen William Hurt.

GOTTES VERGESSENE KINDER
(CHILDREN OF A LESSER GOD)
Regie: Randa Haines • Drehbuch: Mark Medoff, Hesper Anderson • Kamera: John Seale • Musik: Michael Convertino • Schnitt: Lisa Fruchtman • Produktion: Patrick J. Palmer, Burt Sugarman

AMERICAN BEAUTY

1999

»In weniger als einem Jahr bin ich tot. Natürlich weiß ich das jetzt noch nicht«, lässt Lester uns gleich in der Eröffnungssequenz wissen. Was für ein Filmanfang! Über nichts denkt man als Autor so lange nach wie über den Beginn. Bei meinen Romanen grübele ich nicht selten Wochen, bis ich endlich den ersten Satz gefunden habe. Dennoch hat Schreiben viel weniger mit Nachdenken zu tun, als das Publikum glauben mag. Ich kann das beweisen: So gut ein erster Satz sein mag, er ist nie der beste im Roman. Die besten Sätze sind die, die man einfach in die Tastatur hämmert. Und so ist es auch beim Film. Der Anfang ist wichtig. Aber es werden bessere Szenen folgen.

Dem trostlosen Leben eines Mannes zuzusehen, der in einer Ehehölle gefangen ist, einem stupiden Job nachgeht und die morgendliche Masturbation unter der Dusche als einzigen Höhepunkt seines Tages betrachtet, könnte deprimierend sein. Doch das ist es mitnichten, so lustvoll, intelligent und bitterkomisch wird der amerikanische Traum als puritanische Lüge decouvriert. Lester, gespielt von Kevin Spacey, ist vom Leben angeödet, dass es uns wehtut. Er ist wie einer dieser schrecklich einsamen Menschen bei Edward Hopper; nicht umsonst wirken die Räume, die Regisseur Sam Mendes inszeniert, wie dreidimensionale Bilder dieses Malers. Als er sich in die fünfzehnjährige Schulfreundin seiner Tochter verliebt, versucht Lester, aus seiner verfehlten Existenz zu fliehen. Aber das, was er für »den ersten Tag vom Rest meines Lebens« hält, ist längst schon das Ende. *American Beauty* ist ein Film über Menschen, die alles zu haben scheinen und um Liebe betteln müssen. Fünf Oscars, es hätten gern noch mehr sein dürfen, zum Beispiel für Annette Bening als Lesters Ehefrau Carolyn; doch sie musste sich mit einer Nominierung begnügen.

AMERICAN BEAUTY

Regie: Sam Mendes · Drehbuch: Alan Ball · Kamera: Conrad L. Hall · Musik: Thomas Newman · Schnitt: Tariq Anwar, Christopher Greenbury · Produktion: Bruce Cohen, Dan Jinks

L. A. CONFIDENTIAL

1997

In den Achtzigern wurde bei Zweitausendeins ein Buch verramscht, das in jeder Studentenbude und WG herumlag: *Hollywood Babylon* von Kenneth Anger. Es war randvoll mit Skandalgeschichten. Das bizarre Leben des Komikers Fatty Arbuckle wurde darin ebenso genüsslich ausgebreitet wie die angebliche schwule Beziehung von Cary Grant mit dem Westernhelden Randolph Scott und die Lobotomie, die an Frances Farmer, Hollywoods gefallenem Engel, durchgeführt worden sein soll. Als sich später herausstellte, dass Kenneth Anger das meiste davon erfunden hatte, rechtfertigte er sich mit der halsbrecherischen Behauptung, er habe »geistige Telepathie« als Recherchemethode benutzt. Aber das Buch war Kult, wir haben jedes Wort geglaubt. Oder zumindest fast.

L. A. Confidential ist die Verfilmung eines Romans von James Ellroy, einem Schriftsteller, mit dem ich nie warm wurde; sein gehetzter Stil macht mich

nervös. Aber die Geschichte! Sie spielt in diesem Babylon der Fünfziger, wo junge Frauen, manche noch halbe Mädchen, sich das Gesicht operieren lassen, um in Pornos Filmstars wie Rita Hayworth oder Lauren Bacall darstellen zu können.
Kim Basinger verkörpert die Circe hier so perfekt, dass sie aus einem alten Hollywoodstreifen in den Film hineinkopiert sein könnte. Dem Spiel dieser Frau zuzusehen, ist gleichermaßen Staunen und intellektuelles Vergnügen.
Und die Männer? Kaum je zuvor haben zwei sich zu Beginn einer Geschichte so innig gehasst wie die Detectives Wendell »Bud« White und Edmund »Ed« Exley. Sie brauchen lange, um zu erkennen, dass sie einen gemeinsamen Feind haben. Doch dann laden sie die Waffen durch. Ihre Heldenreise trägt alle Züge eines Westerns, und folgerichtig erinnert das Finale an den aussichtslosen Kampf in Alamo.

L. A. CONFIDENTIAL
Regie: Curtis Hanson · Drehbuch: Brian Helgeland, Curtis Hanson · Literarische Vorlage: James Ellroy · Kamera: Dante Spinotti · Musik: Jerry Goldsmith · Schnitt: Peter Honess · Produktion: Arnon Milchan, Curtis Hanson, Michael G. Nathanson

THE BIG LEBOWSKI

1998

Um Jeffrey Lebowski vorzustellen, sollten diese Sätze genügen: »Manchmal gibt es einen Mann ... ich würd jetzt nicht sagen, ein Held, denn was ist schon ein Held? Aber manchmal, da gibt's einen Mann ... das ist der richtige Mann am richtigen Ort, zur richtigen Zeit, der passt genau dort hin. Und so einer war der Dude, in Los Angeles, und das, obwohl er ein total fauler Sack war, das war der Dude ohne Frage, vielleicht sogar der faulste Sack in ganz Los Angeles und Umgebung, wobei er unter den faulen Säcken weltweit einen der vordersten Plätze belegen würde.«
Den Film sah ich zum ersten Mal während der Arbeit an meinem ersten Roman. Ich lebe dann komplett asozial; so ist es bis heute, wenn ich schreibe. Work, eat, sleep, repeat. Es wird kein Zufall gewesen sein, dass ich *The Big Lebowski* gewählt habe. In extrem strukturierten Zeiten kann ein bisschen Chaos nicht schaden.

Für dieses Werk nahmen die Coen-Brüder sich den Regisseur Howard Hawks zum Vorbild, der einmal zugegeben hatte, die verzwickte Handlung seines Klassikers *The Big Sleep*, eine Chandler-Verfilmung, nie verstanden zu haben. Angeblich rief er nach dem Dreh Raymond Chandler an, um zu fragen, wer eigentlich der Mörder war, doch auch der Autor musste passen.
Größtmögliche Verwirrung kann den Verstand schärfen. So gesehen ist *The Big Lebowski* eine Hirnschleifmaschine. Das merke ich auch daran, dass ich zwar im Hollywoodkino der Vierziger beschlagen genug bin, um eine Honorarprofessur zu rechtfertigen, aber in dem Film immer wieder neue Anspielungen entdecke. Etwa dass *Knudsen*, Bunny Lebowskis Geburtsname, eine Anspielung auf Peggy Knudsen ist, in *The Big Sleep* als Mona Mars besetzt. *The Big Lebowski* ist Scrabble für Filmverliebte. Ein riesiger Spaß halt.

THE BIG LEBOWSKI

Regie: Joel Coen · Drehbuch: Ethan Coen, Joel Coen · Kamera: Roger Deakins · Musik: Carter Burwell · Schnitt: Roderick Jaynes, Tricia Cooke · Produktion: Ethan Coen

MYSTIC RIVER

2003

In der Toilette neben meinem Besprechungsraum hängt ein Standfoto aus *Für eine Handvoll Dollar*, das Clint Eastwood zeigt. In der linken Hand hält er seinen Revolver, die rechte hat er um die Hüfte von Marianne Koch gelegt. Auf einem ähnlichen Westernplakat habe ich Eastwood zum ersten Mal gesehen, noch in meiner Schulzeit; ich glaube, es war *Ein Fremder ohne Namen*. Jedenfalls trug er einen dieser coolen Staubmäntel, an denen man Revolverhelden erkannte. Hätte ich mir damals vorstellen können, dass er einmal zu einem der größten Regisseure werden würde? Aber sicher doch, sofort. In dem Alter glaubt man schließlich die unglaublichsten Sachen. Dass man ewig leben wird, beispielsweise. Später begegnete Eastwood mir als Dirty Harry. Da war ich sicher, dass er nie etwas anderes sein würde als ein Schauspieler mit nur einem Gesichtsausdruck, dessen Horizont an der Mündung seines .44ers endet.

Meinen zweiunddreißigsten Geburtstag habe ich bei Freunden in Paris gefeiert. Am Abend zuvor wurde ich von ihnen ins Kino geschleppt, wo *Bird* lief, eine Regiearbeit von Eastwood. Ich habe mich darüber lustig gemacht, ehe der Vorhang aufging. Aber danach, in einem Café, hatte ich noch immer Charlie Parker im Ohr, obwohl Johnny Hallyday aus der Jukebox plärrte.

Bird ist Eastwoods poetischster Film, *Gran Torino* sein selbstironischster, *Million Dollar Baby* sein ergreifendster, *Erbarmungslos* sein radikalster. Doch *Mystic River* ist der Eastwood, den ich am häufigsten gesehen habe. Kürzlich hat mich ein Freund darauf aufmerksam gemacht, dass er auf Arte lief, und ich habe seine SMS leider zu spät gelesen. Könnte man die Liebe zu einem Film, den man dreißig oder vierzig Mal sah, besser erklären als mit der Enttäuschung, ihn ein Mal verpasst zu haben?

MYSTIC RIVER

Regie: Clint Eastwood • Drehbuch: Brian Helgeland • Literarische Vorlage: Dennis Lehane • Kamera: Tom Stern • Musik: Clint Eastwood • Schnitt: Joel Cox • Produktion: Clint Eastwood, Judie Hoyt, Robert Lorenz, Bruce Berman

MY LEFT FOOT

1989

Menschen, die über sich selbst schreiben, machen ihr Leben meist zu einer Fantasie. Biografie, ein Spiel mit Möglichkeiten; Max Frisch würde jetzt nicken. Christy Browns Erinnerungen, auf denen der Film beruht, sind so traurig, herzergreifend und schreiend komisch, so extrem, als wären sie eine große poetische Erfindung. Und doch hat dieser erstaunliche Mensch alles aufgeschrieben, wie es war.
Mit seinem linken Fuß.
Christy Brown erblickte 1932 in einem Dubliner Arbeiterbezirk als zehntes von zweiundzwanzig Geschwistern das Licht der Welt und blieb sein ganzes Leben lang schwerstbehindert. Der einzige Körperteil, den er kontrollierte, war der linke Fuß. Sein Vater, ein Säufer und jähzorniger Schläger, erklärte nach Christys Geburt: »Eher kommt er in einen Sarg, als dass eins von meinen Kindern ein Heim von innen sieht.« Später wird er für Christy

ein eigenes Zimmer im Hof des Hauses mauern, damit sein Sohn dort schreiben und malen kann und nicht mit drei Brüdern in einem Bett schlafen muss. »Deutlicher wird er dir nie zeigen, dass er dich liebt«, sagt Christys Mutter, die unbeirrt an ihren Sohn glaubt. *Mother* ist das erste Wort, das er mit dem Fuß schreibt.

Es war ganz unwahrscheinlich, dass dieser Junge je in ein selbstbestimmtes Leben finden könnte, aber seine innere Stärke half allen Wundern auf die Sprünge. In den neunundvierzig Jahren, die ihm vergönnt waren, schrieb er beeindruckende Bücher und Gedichte und malte mit seinem Fuß Bilder, in denen er nach Leben gierte.

Ja, es ist ein Kammerspiel; das einzige in diesem Buch. Die berührende und Mut machende Kraft, mit der Danny Day-Lewis Christy Brown darstellt, zählt zu den größten Schauspielleistungen der Filmgeschichte.

MY LEFT FOOT: THE STORY OF CHRISTY BROWN

Regie: Jim Sheridan · Drehbuch: Shane Connaughton, Jim Sheridan · Literarische Vorlage: Christy Brown · Kamera: Jack Conroy · Musik: Elmer Bernstein · Schnitt: J. Patrick Duffner · Produktion: Noel Pearson

EINER FLOG ÜBER DAS KUCKUCKSNEST

1975

In der Karl-Bonhoeffer-Nervenklinik, die es in meinen Berliner Taxijahren noch gab, ließen die Nazis Zwangssterilisationen durchführen. 1940 wurden Insassen, die nicht arbeitsfähig waren, in der »Tötungsanstalt Brandenburg« vergast. Es waren Tausende. Ihren Familien hat man lapidar geschrieben, dass sie in andere, entfernt gelegene Anstalten verlegt worden seien und man sie dort nicht besuchen könne. Ich erinnere mich nicht, während meiner Zeit als Kutscher in einer Zeitung davon gelesen zu haben.
Damals holte ich oft Patienten in »Bonnies Ranch« ab. Die Standardansage im Funk war: »Jemand für Bonnies Ranch mit Sicherheitsgurten hinten?« Es meldete sich meistens keiner, aber ich machte die Touren gern; Taxifahren ist Menschenstudium. Einmal knutschte mich ein eben entlassener Mann auf den Mund und sagte: »Mitten in der Kalahari steht ein Apfelbaum, wussten Sie das?«

Einer flog über das Kuckucksnest war bereits fünf Jahre draußen, als ich ihn zum ersten Mal sah, im Kant-Kino, Spätvorstellung, mit meiner Freundin. Sie war übers Wochenende aus Kassel gekommen; so ein Bratkartoffel-Autobahnverhältnis. Am Tag darauf waren wir im Zoo. Ich versuchte, mit ihr über den Film zu reden, aber er hatte sie genervt, richtig geärgert. »Ich geh doch nicht ins Kino, um mich runterziehen zu lassen«, meinte sie. Vor dem Raubtiergehege blaffte sie mich an: »Musst du hier rauchen? Denk doch an die Tiere!« Ihren Namen habe ich vergessen, aber in jedem meiner Romane steht ein Satz über Kassel. Kein schmeichelhafter, wie ich fürchte.

Noch Wochen später sah ich mich im Kant sitzen, bretttharte Bestuhlung, sechste Reihe Mitte, wie ich auf den Abspann starre und versuche, klar zu denken. McMurphy und der Häuptling. So hatte ich Liebe im Kino noch nie gesehen.

EINER FLOG ÜBER DAS KUCKUCKSNEST
(ONE FLEW OVER THE CUCKOO'S NEST)

Regie: Miloš Forman · Drehbuch: Bo Goldman, Lawrence Hauben · Literarische Vorlage: Ken Kesey · Kamera: Haskell Wexler, Bill Butler · Musik: Jack Nitzsche · Schnitt: Sheldon Kahn, Lynzee Klingman, Richard Chew · Produktion: Michael Douglas, Saul Zaentz

GARP UND WIE ER DIE WELT SAH

1982

Sonntagsmatinee in einem Kino in San Antonio, Texas. Da sah ich ihn zum ersten Mal. Es waren nur vier Menschen im Saal, mich eingeschlossen. Aber was heißt das schon? Bei der Uraufführung von *Warten auf Godot* soll das Publikum aus drei Zuschauern bestanden haben. Und einer davon war Beckett.

An diesen Tag in San Antonio erinnere ich mich auch deshalb so genau, weil ich nach einer endlos langen Fahrt mit dem Greyhound in einem Motel unter die Dusche ging und aus dem Brausekopf Kakerlaken auf mich herabfielen. So genoss ich damals eine Doppelvorstellung: Horrorfilm und Drama.

Garp, Irving. Es war ein kühnes Unterfangen, die extrem verschachtelte Struktur dieses Romans in ein Drehbuch zu transponieren, die mäandernden Handlungsfäden zu entwirren, in denen man sich bei Irving bisweilen verheddert. Aber Steve Tesich hat es geschafft. Wie? Ganz einfach, indem er die älteste von allen Autorenweisheiten beherzigt hat: Kill your darlings. Es tut jedes Mal weh, in einem Drehbuch oder einem Roman das zu opfern, was einem am meisten bedeutet. Doch auch wenn es Blut, Schweiß und Tränen kosten mag, ist man am Schluss glücklich, den Mut aufgebracht zu haben. Lieblingsszenen gibt es in dem Film zuhauf, nicht zuletzt die, in der Helen Holmes ihrem Liebhaber bei einem Blowjob im Auto unfallbedingt seinen Pimmel abbeißt. Am stärksten beeindruckt mich aber John Lithgow, ein Kerl wie ein Schrank, der als transsexuelle Roberta eine unerschütterliche, tiefe Würde besitzt.

Auch in diesem Film zeigt sich, dass erst die letzte Szene darüber entscheidet, ob wir eine Komödie oder ein Drama gesehen haben. Beim Abspann wissen wir: So ist das Leben, so ist die Liebe, so ist der Tod.

GARP UND WIE ER DIE WELT SAH
(THE WORLD ACCORDING TO GARP)

Regie: George Roy Hill • Drehbuch: Steve Tesich • Literarische Vorlage: John Irving • Kamera: Miroslav Ondříček • Musik: David Shire • Schnitt: Ronald Roose, Stephen A. Rotter • Produktion: Robert L. Crawford, George Roy Hill

IN THE LINE OF FIRE

1993

Die großen Schauspieler, mit denen ich arbeiten durfte, gehören zu zwei ganz unterschiedlichen Schulen. Da wären zum einen diejenigen, die jede Rolle intellektuell durchdringen und analysieren. Sie setzen ihre Intelligenz im Spiel ein. Das mag akademisch klingen, aber sie besitzen die Gabe, alles, was sie hart erarbeitet haben, spontan und frisch wirken zu lassen. August Diehl ist so einer, Martin Wuttke, Ulli Matthes. Der bomforzionöse Dominique Horwitz, auf der Bühne und vor der Kamera ein zärtlicher Berserker. Auch Hilmar Thate. Er fehlt sehr.

Und dann: die Instinktschauspieler. Etwa Günter Lamprecht; für ihn habe ich ein Theaterstück, ein Hörspiel und einen *Tatort* geschrieben. Er hat mir einmal von einer Prüfung an der Schauspielschule erzählt. Die Aufgabe lautete, mit Hilfe eines Stabes eine Murmel aus einem Glaswürfel zu friemeln, in dem sich oben ein kleines Loch befand. Alle, die vor Günter an der Reihe waren, scheiterten. Und was machte er? Er zerschlug den Glaswürfel mit der Faust und nahm die Murmel heraus. So hat er sein Leben lang gespielt: aus dem Bauch.

An *In the Line of Fire* ist kein Gramm Fett, der Film besteht bloß aus Muskeln. Gott, ich hätte gern das Drehbuch geschrieben. Clint Eastwood spielt die Hauptrolle, und er verleiht ihr die ganze Lakonie, die ihn zum Coolness-Goldstandard gemacht hat. Aber die Sensation des Films ist John Malkovich und die berühmteste Einstellung ein Bravourstück dieses Instinktschauspielers. Eastwood klammert sich mit einer Hand an einer Dachkante fest und zielt mit der anderen auf Malkovich, der direkt vor ihm kniet. Das stand im Drehbuch. Doch dort war nicht vorgesehen, dass Malkovich sich die Waffe in den Mund steckt. Er hat es einfach getan, aus dem Moment heraus. Ich weiß zu gut, wie man sich als Autor dann fühlt. Man denkt: verdammt!

IN THE LINE OF FIRE

Regie: Wolfgang Petersen · Drehbuch: Jeff Maguire · Kamera: John Bailey · Musik: Ennio Morricone · Schnitt: Anne V. Coates · Produktion: Jeff Apple, Gail Katz, Wolfgang Petersen, David Valdes, Robert J. Rosenthal

UND TÄGLICH GRÜSST DAS MURMELTIER

1993

Jiro Dreams of Sushi heißt ein Dokumentarfilm über den Starkoch Jiro Ono, der in einer Tokioter U-Bahn-Station das einzige Sushi-Restaurant des Planeten mit drei Michelin-Sternen betreibt. Zum Zeitpunkt der Dreharbeiten ist er fünfundachtzig Jahre alt und steht wie eh und je zwölf Stunden am Tag in seiner winzigen Küche. Jiro folgt dem Zen, das verlangt, stets nur eine einzige Sache zu machen, aber jedes Mal ein bisschen besser. Alles im Leben von Jiro gehorcht einem immergleichen, strengen Rhythmus, von dem er nie abweicht. Er wartet sogar jeden Morgen an exakt derselben Stelle auf seine U-Bahn. Die Köche, die in seinem Restaurant ausgebildet werden, müssen durch eine harte Schule. Zehn Jahre lang lernen sie, ein heißes Tuch sorgfältig auszuwringen, Gemüse zu schälen, geduldig den Fisch zu entschuppen. Dann erst, keinen Tag früher, dürfen sie zum ersten Mal ein Ei aufschlagen. Einer von Jiros Lehrlingen, ein

Mann in den mittleren Jahren, erzählt, wie er vier Monate lang Hunderte von Eierstichen produziert hatte, die alle von Jiro abgelehnt worden waren. Bis schließlich einer gelang. »Ich war so glücklich, dass ich geweint habe«, sagt er.
Das ist die Geschichte von *Und täglich grüßt das Murmeltier*, nur aus einer anderen Perspektive erzählt. »Ich war mal auf den Jungferninseln, da habe ich ein Mädchen kennengelernt«, jammert Bill Murray als Phil Connors einmal. »Wir haben Hummer gegessen, Piña colada getrunken. Bei Sonnenuntergang haben wir uns geliebt wie die Seeotter. Das war ein ziemlich guter Tag. Warum kann ich den nicht wieder und wieder und wieder erleben?« Weil man die lange Reise zu sich selbst nicht als Pauschalurlaub buchen kann, würde Jiro vermutlich sagen.
Murray ist der perfekte Clown. Sollte ich nach dem perfekten Drehbuch gefragt werden: Hier ist es.

UND TÄGLICH GRÜSST DAS MURMELTIER (GROUNDHOG DAY)
Regie: Harold Ramis • Drehbuch: Danny Rubin, Harold Ramis • Kamera: John Bailey • Musik: George Fenton • Schnitt: Pembroke J. Herring • Produktion: Trevor Albert, Harold Ramis

EINE FRAGE DER EHRE

1992

Das ist einer der Filme, die ich am häufigsten sah. Fünfzig Mal? Ja, könnte hinkommen. Meine Frau versteht nicht, wie es möglich ist, dass ich immer aufs Neue dasselbe Vergnügen haben kann. Ganz einfach: Ich schaue jeden Film stets so, als wäre es das erste Mal. Das habe ich mir vor vielen Jahren antrainiert. Man liest ein Drehbuch unendlich oft, korrigiert, schmeißt Szenen raus, fügt neue hinzu, stellt um, geht durch vier, fünf, sechs Fassungen. Das kann nur gelingen, wenn man sich von dem eigenen Text jedes Mal wieder überraschen lässt. Beigebracht habe ich es mir mit der Bibel, genauer gesagt der *Genesis*, die ich so oft gelesen habe, bis sie mir oben rauskam und ich trotzdem noch beim hundertsten Mal dachte: *Adam und Eva teilen sich einen Apfel? Ob das eine gute Idee ist? ... Abel, geh nicht mit deinem Bruder auf das Feld! ... Beeil dich mit deiner Arche, Noah, das scheint eine verdammt große Flut zu werden!*

»Haben Sie den Code Red befohlen?« Drei Akte lang fiebert der Zuschauer in *Eine Frage der Ehre* dem Moment entgegen, in dem Jack Nicholson als Colonel Nathan R. Jessep diese Frage beantwortet. Daniel Kaffee tritt aus dem Schatten seines Vaters und wird vom Harvard-Bübchen zum Mann. An seiner Seite steht Joanne Galloway, die brennend vor Ehrgeiz die Szenerie betritt, dann gedemütigt wird, als man Kaffee zum Anwalt der angeklagten Marines ernennt, und schließlich erkennt, dass die beiden Männer ihm ihr Leben verdanken werden und nicht ihr. Demi Moore spielt das so sensibel, dass sie alle Boulevard-Peinlichkeiten vergessen lässt. Die Angeklagten kommen frei, werden aber unehrenhaft aus ihrem Marine Corps entlassen. »Man muss keine Uniform tragen, um Ehre zu besitzen«, sagt Kaffee zu Harold Dawson, seinem Mandanten. Man muss Tom Cruise nicht mögen, um diesen Film zu lieben.

EINE FRAGE DER EHRE (A FEW GOOD MEN)

Regie: Rob Reiner • Drehbuch: Aaron Sorkin • Literarische Vorlage: Aaron Sorkin • Kamera: Robert Richardson • Musik: Marc Shaiman • Schnitt: Robert Leighton, Steven Nevius • Produktion: David Brown, Rob Reiner, Andrew Scheinman

THE SHINING

1980

Ich hatte vor Jahren tatsächlich einmal so einen Traum. Nach einem Jahr Arbeit an einem Roman gebe ich pünktlich ab, doch als ich ermattet den Text meinem Lektor in die Hand drücke, steht auf allen fünfhundert Seiten immer derselbe Satz. Wie er gelautet hat, wusste ich nicht mehr, als ich im Morgengrauen schweißgebadet hochgeschreckt bin. Ich habe das nie einem Psychologen erzählt, glaube aber zu wissen, was der Traum bedeutete: Es ging um meine Urangst, mit dreckigen Schuhen aus dem Haus zu gehen.

Ein Film besteht nicht aus Struktur, Dramaturgie oder Plot Points, sondern aus Momenten. Und der größte in diesem ist der, in dem Wendy Torrance das Manuskript ihres Mannes in die Hand nimmt und totenbleich lesen muss: »Was du heute kannst besorgen, das verschiebe nicht auf morgen.« Hier bleibt die deutsche Synchronisation wieder mal um Längen hinter dem Original zurück, denn dort

heißt es: »All work and no play makes Jack a dull boy.« Da sind wir längst im Adrenalinexpress von Stanley Kubrick, der mit Highspeed durch unsere Hirnwindungen rast.
Stephen King hat den Film so sehr gehasst, dass er auf Biegen und Brechen ein Remake wollte. Kennt jemand den 1997 gedrehten Fernseh-Dreiteiler in der Regie von Mick Garris nach einem Drehbuch von King himself? Nein? Macht nichts. Wenn man die Filmrechte eines Romans aus der Hand gibt, sollte man loslassen können. Oder beten, falls man Sinn darin sieht.
Die Szene, in der Jack mit seiner Axt die Tür des Badezimmers einschlägt, findet sich im Guinness-Buch der Rekorde als am häufigsten wiederholter Take der Filmgeschichte. 127-mal hat Kubrick das gedreht. Dass Nicholson und auch Shelley Duvall am Ende der nackte Wahnsinn im Gesicht stand, ist kein Wunder.

THE SHINING
Regie: Stanley Kubrick · Drehbuch: Stanley Kubrick, Diane Johnson · Literarische Vorlage: Stephen King · Kamera: John Alcott · Musik: Wendy Carlos, Rachel Elkind · Schnitt: Ray Lovejoy · Produktion: Stanley Kubrick

DIE GLORREICHEN SIEBEN

1960

Cineasten rümpfen gern die Nase und verweisen auf das Original von Kurosawa. (Die Cadrage! Die Kamerafahrten! Das Licht! Diese tiefe Weisheit!) Es tut mir leid, aber in japanischen Filmen dieser Zeit wurde übel grimassiert, auch bei Kurosawa; ich find's eher komisch.

Von allen Vorstellungen ist mir jene vom Februar 1993 in Moskau am nachhaltigsten in Erinnerung geblieben. Die Sowjetunion war zwei Jahre zuvor kollabiert, aber niemand schien sich darüber zu freuen. Als ich zum ersten Mal in einen Kulinarija-Supermarkt ging, begriff ich, warum. Die Regale waren leerer als ein Wells-Fargo-Büro nach einem Besuch von Butch Cassidy und Sundance Kid. Die Wenigsten konnten noch in den früheren Berufen arbeiten; aus Ärzten waren Taxifahrer geworden, Müllmänner und Totengräber, aus Lektorinnen Wäscherinnen, Putzfrauen. »Unter Breschnew ist es uns gut gegangen«, das hörte ich oft.

Es war Winter, minus dreißig Grad, doch im Kino Rossija am Puschkinplatz hatten sie so närrisch geheizt, dass ich mich am liebsten bis auf die lange Unterwäsche ausgezogen hätte. Die Sieben ritten im Original, russisches Voiceover, jede Rolle von derselben Frau gesprochen; ein Erlebnis, das ich nicht missen möchte. An dem Film mag ich alles, sogar Horst Buchholz. Hab ihn mal kennengelernt, bei einem Berlinale-Essen, ein oder zwei Jahre vor seinem Tod. Er trug einen spektakulär versifften Flokati-Mantel und sah aus, als hätte er die letzten Wochen in einer Höhle gelebt. Rauchen würde ich das bei ihm nicht nennen, ich glaube, er hat seine Kippen samt Filter gegessen. Ein Lachen wie ein Betonmischer. Aber seine Hollywood-Geschichten klangen nicht wie Geschichten, und er tat nicht, als hätte sein Stern in der Stadt der Engel hell gestrahlt. Als er morgens um zwei gegangen war, hing ein Geruch nach Mottenkugeln in der Luft.

DIE GLORREICHEN SIEBEN (THE MAGNIFICENT SEVEN)
Regie: John Sturges • Drehbuch: William Roberts • Kamera: Charles Lang • Musik: Elmer Bernstein • Schnitt: Ferris Webster • Produktion: John Sturges, Walter Mirisch

SEIN ODER NICHTSEIN

1942

An dem Tag, an dem Lubitsch das Theaterstück *Noch ist Polen nicht verloren* von Melchior Lengyel auf Umwegen in die Finger bekam, muss er sich gefühlt haben wie mit elf vorm Weihnachtsbaum. Doch obwohl Lengyel ein Hollywoodautor war, vertraute der Produzent Lubitsch das Drehbuch einem anderen an: Edwin Justus Mayer. Eine kluge Wahl, denn Mayer holte aus dem Stoff die zehn Prozent raus, die Lengyel liegengelassen hatte. In diesem Buch sitzt jede Pointe, als wäre sie in Stein gemeißelt. Daran erkennt man die Großen: dass sie ihr Blatt ausreizen.

Hätte der Autor einen anderen Produzenten und Regisseur als das Komödiengenie Lubitsch gehabt, wären seine rattenscharfen Dialoge vermutlich schon während der ersten Drehbuchbesprechung untergegangen wie die Titanic. Ein klassisches Autorenschicksal. Beim *Tatort Weimar* kommt es in der Episode *Der Irre Iwan* zu einer Szene in der

Pathologie. Die Rechtsmedizinerin zeigt den zwei Kommissaren eine mumienhafte Frauenleiche. »Die älteste Einwohnerin Thüringens, hat sich im Alter von hundertsechs Jahren umgebracht«, sagt sie und reicht Kira Dorn einen Zettel. Dorn liest: *Habe jede Hoffnung verloren, eines natürlichen Todes zu sterben.* Das ist lustig, schon. Aber mein Co-Autor Clausen und ich wollten etwas anderes. In unserem Drehbuch stand: *Habe jede Hoffnung verloren, dem Führer ein Kind zu schenken.* Das Gute ist der Feind des Besseren, das lernen alle Drehbuchautoren auf die harte Tour. Wer keine Kompromisse eingehen kann und darauf besteht, dass seine Worte die zehn Gebote sind, ist in dem Geschäft verkehrt.
»Soso, man nennt mich also Konzentrationslager-Erhardt?« In den besten Komödien findet sich das Komische im Schrecklichen und das Schreckliche im Komischen. Hier wird beides eins. Unerreicht.

SEIN ODER NICHTSEIN (TO BE OR NOT TO BE)
Regie: Ernst Lubitsch • Drehbuch: Edwin Justus Mayer • Literarische Vorlage: Melchior Lengyel • Kamera: Rudolph Maté • Musik: Werner Richard Heymann • Schnitt: Dorothy Spencer • Produktion: Ernst Lubitsch, Alexander Korda

VERTIGO

1958

Angeblich schrieben Boileau und Narcejac ihren Roman *D'entre les morts* eigens für Hitchcock und ließen ihm das Manuskript zuspielen. Eine feine Anekdote; ob sie wahr ist, weiß ich nicht. Aber der Stoff enthielt alle von Hitchcocks großen Themen. Der unschuldig Verdächtigte. Diese blonde, kühle Frau mit sexuellen Abgründen. Unerfüllte Liebe. Voyeurismus. Macht über Menschen.
Scottie Ferguson verliebt sich unsterblich in die geheimnisvolle Madeleine, die sich vor seinen Augen in den Abgrund stürzt. Und er vermag sie wegen seiner Höhenangst nicht zu retten. Scottie muss durch die Hölle gehen, bis er durch Zufall Judy trifft, die Madeleines Zwillingsschwester sein könnte, auch wenn sie sich völlig anders kleidet und schminkt. Ohne zu ahnen, dass es sich bei den beiden Frauen um ein und dieselbe handelt und er, Scottie, lediglich eine Schachfigur in einem teuflischen Plan war, setzt er alles daran, Judy in

Madeleine verwandeln; vor allem deren strenge Frisur ist wie ein Fetisch für ihn. Hitchcocks Genie zeigt sich in jeder Einstellung, besonders jedoch in der Schlüsselszene, in der Scottie mit Herzklopfen wartet, dass Judy – zu Madeleine geworden – aus ihrem Hotelbadezimmer kommt. Vor dem Fenster hängt eine grüne Leuchtreklame, und als Judy aus der Tür tritt, ist sie ganz in dieses Licht getaucht. Hitchcock verwendete dafür denselben Filter wie in einer viel früheren Szene, in der Madeleine auf einem Friedhof von Scottie beobachtet wurde. So verschmelzen die beiden Bilder miteinander. In ihrem Hotel wird Judy in diesem Augenblick zu der wiedergeborenen Madeleine, sie kommt jetzt wahrhaftig aus dem Reich der Toten. Hier wissen wir schon, dass es tragisch ausgehen wird. Scottie muss erkennen, dass die Vergangenheit nichts als ein Prolog gewesen war. Und doch wird er am Ort seines größten Schmerzes endlich frei.

VERTIGO

Regie: Alfred Hitchcock · Drehbuch: Samuel A. Taylor, Alec Coppel, Maxwell Anderson · Literarische Vorlage: Pierre Boileau, Thomas Narcejac · Kamera: Robert Burks · Musik: Bernard Herrmann · Schnitt: George Tomasini · Produktion: Alfred Hitchcock, Herbert Coleman

MILLION DOLLAR BABY

2004

Eastwood inszeniert alles vom Blatt, keine Silbe des Drehbuchs wird mehr geändert. Das ist für Autoren ein Traum, leider jedoch ein seltener. Es gab einmal eine Zeit, in der ich mich bemüht habe, Schauspielern zu erklären, dass niemand am Set mehr Sprachgefühl besitzt als der Autor. Meistens ohne Erfolg. Es ist nicht mal so, dass Schauspieler sich aus Prinzip überschätzen. Sie sind bloß der Überzeugung, dass das in erster Linie *ihr* Film ist. Jeder in der Branche denkt so.

In *Shakespeare in Love* gibt es eine wunderbare Szene, die das auf den Punkt bringt. Christopher Marlowe plaudert in einer Spelunke in Stratford-upon-Avon mit einem Kleindarsteller, der ihm erzählt, dass er für ein Stück namens *Romeo und Julia* probt. Interessiert fragt Marlowe, wovon es handele. Die Antwort: »Von einem Apotheker, der einem unglücklich Verliebten Gift verkauft.« (Fürs Protokoll: Die Rolle ist so winzig, dass sie in den meisten modernen Inszenierungen gestrichen wird.) Sie können eine Maskenbildnerin, einen Tonassistenten, eine Requisiteurin fragen, womit sie gerade beschäftigt sind, und sie werden mit Sicherheit antworten: »Ich mache einen Film, in dem ...« Oder: »In meinem Film geht es um ...« Ist das nicht wunderbar? Das habe ich immer daran geliebt. Manchmal muss ich an Günter Lamprecht denken, der mitten im Tohuwabohu eines ersten Drehtags mit mir im Gewühl stand und meinte: »Guck mal, wie die alle rotieren – bloß weil du dir was ausgedacht hast.« Deshalb wollte ich auch nie Regisseur werden, obwohl ich Angebote hatte. Ich bin der, der sich was ausdenkt.

Zurück zu *Million Dollar Baby*: In Maggies letztem Kampf kann es keinen Sieger geben. Als es vorbei ist, hängt man als Zuschauer in den Seilen, aber es war jede Sekunde wert. Kein Kerl ist so hart, dass er am Schluss nicht weinen muss.

MILLION DOLLAR BABY

Regie: Clint Eastwood · Drehbuch: Paul Haggis · Literarische Vorlage: F.X. Toole · Kamera: Tom Stern · Musik: Clint Eastwood · Schnitt: Joel Cox · Produktion: Clint Eastwood, Paul Haggis, Tom Rosenberg, Albert S. Ruddy

DIE ÜBLICHEN VERDÄCHTIGEN

1995

Des Öfteren werde ich gefragt, was das Geheimnis eines guten Thrillers ist. Die Antwort ist einfach: Es ist die Auflösung, denn ein Thriller besteht aus Rätseln. Manchmal sind es viele, hin und wieder genügt ein einziges, das jedoch so groß ist, dass es uns bis zur letzten Einstellung in Atem hält. Der Autor gibt uns von der allerersten Sekunde an ein großes Versprechen: dass er uns am Schluss nicht enttäuschen wird. War das Versprechen nur heiße Luft, werden wir das Kino enttäuscht, gar wütend verlassen. Am besten lässt sich das vielleicht mit einem Witz erklären, den Mark Twain sich einst ausgedacht hat. Wie ich sowieso der Ansicht bin, dass man in allen Lebensfragen bei Mark Twain nachschlagen sollte.

Ein alter Mann liegt im Sterben, die Tochter sitzt an seinem Bett und hält seine Hand. Der Mann schnuppert und krächzt: »Was riecht hier so gut?« Seine Tochter sagt: »Das sind die Plätzchen von

Mama.« Nach einer Weile flüstert ihr Vater: »Bitte geh doch zu Mama und bring mir eins. Ein letztes Mal will ich ihre wunderbaren Plätzchen kosten.«
Die Tochter steht auf und verlässt das Zimmer. Als sie zurückkommt, fragt ihr Vater mit ersterbender Stimme: »Hast du das Plätzchen mitgebracht?«
Sie schüttelt den Kopf. »Aber warum denn nicht?«
»Mama hat gesagt, die Plätzchen sind für nach der Beerdigung.«
In einem guten Thriller kriegen Sie die Plätzchen vor der Beerdigung. Und definitiv in *Die üblichen Verdächtigen*.
»Der größte Trick, den der Teufel je gebracht hat, war die Welt glauben zu lassen, es gäbe ihn nicht.« Keyser Söze, von dir habe ich geträumt. Allerdings gibt es bei dem Film einen Wermutstropfen: Er ist derart extrem auf eine einzige Pointe ausgerichtet, dass er bloß beim ersten Sehen seine volle Wucht entfaltet. Aber da hat es mich umgehauen.

DIE ÜBLICHEN VERDÄCHTIGEN (THE USUAL SUSPECTS)
Regie: Bryan Singer · Drehbuch: Christopher McQuarrie · Kamera: Newton Thomas Sigel · Musik: John Ottman · Schnitt: John Ottman · Produktion: Michael McDonnell, Bryan Singer

ATEMLOS NACH FLORIDA

1942

Ein glückliches Ehepaar ist pleite; der Vermieter von Tom und Gerry Jeffers will die zwei aus ihrer Wohnung schmeißen. Doch Gerry, von Claudette Colbert schmissig aufs Parkett gelegt, weiß seit einer Begegnung mit dem Wurstmagnaten Wienie King um ihre Wirkung auf ältere reiche Männer. Sie fasst den Plan, sich in Florida einen Millionär zu angeln, um ihrem Ehemann seine erträumte Karriere zu ermöglichen. Wie Preston Sturges das Setting in Speed und Witz verwandelt, lässt mich niederknien. »Du hast keine Vorstellung, was eine langbeinige Schönheit alles anstellen kann, ohne überhaupt irgendwas zu tun«, sagt Gerry zu Tom. Jep.

Sturges war ein Auteur; in Hollywood galt er als Regenmacher, völlig zu Recht, auch wenn er einige Flops zu verzeichnen hatte. Für *Der große McGinty* bekam er einen Oskar – das ist rar bei jemandem aus dem »leichten Fach«.

Hier ist sein Erfolgsgeheimnis für eine gelungene Komödie; zu finden sind diese elf goldenen Regeln in seinem Buch *Preston Sturges on Preston Sturges*.

Ein hübsches Mädchen ist besser als ein hässliches.
Ein Bein ist besser als ein Arm.
Ein Schlafzimmer ist besser als ein Wohnzimmer.
Eine Ankunft ist besser als eine Abfahrt.
Eine Geburt ist besser als ein Tod.
Eine Verfolgungsjagd ist besser als eine Plauderei.
Ein Hund ist besser als eine Landschaft.
Ein Kätzchen ist besser als ein Hund.
Ein Baby ist besser als ein Kätzchen.
Ein Kuss ist besser als ein Baby.
Wenn jemand auf den Arsch fällt, ist das besser als alles andere.

Über seinen ersten Punkt lässt sich heute streiten. Ansonsten hat sich seit 1942 nichts geändert.

ATEMLOS NACH FLORIDA (THE PALM BEACH STORY)
Regie: Preston Sturges • Drehbuch: Preston Sturges • Kamera: Victor Milner • Musik: Victor Young • Schnitt: Stuart Gilmore • Produktion: Buddy DeSylva

THREE BILLBOARDS OUTSIDE EBBING, MISSOURI

2017

ICH habe Tote, und ich ließ sie hin
und war erstaunt, sie so getrost zu sehn,
so rasch zuhaus im Totsein, so gerecht,
so anders als ihr Ruf. Nur du, du kehrst
zurück; du streifst mich, du gehst um, du willst
an etwas stoßen, daß es klingt von dir
und dich verrät.

RAINER MARIA RILKE

Natürlich ist das ein großartiges Drehbuch. Sicher beweist der Autor Martin McDonagh hier auch als Regisseur sein Können – und erinnert uns daran, wie schade es ist, dass er in zwanzig Jahren nur fünf Filme gedreht hat, darunter *Brügge sehen … und sterben?*, der in diesem Buch wäre, hieße es *78 Filme fürs Leben*. Dennoch lebt *Three Billboards* vor allem von seinen Hauptdarstellern: Woody Harrelson und Frances McDormand.

Harrelson begann seine Karriere mit der Sitcom *Cheers*. Dort war er der heimliche Star, aber nie im Leben hätte ich gedacht, dass mehr in ihm stecken würde, als einen Einfaltspinsel zu spielen. Er hat mich ähnlich überrascht wie Robin Williams, der *Mork vom Ork* war, bevor er ein Charakter wurde. Und was Frances Louise McDormand betrifft: Es gibt Schauspielerinnen, denen es nicht genügt, nur fantastisch zu sein. Sie ist einzigartig. Ihr Gesicht ist traurig und komisch zur selben Zeit; in einem Blick von ihr findet sich so viel Wahrheit wie in den zornigsten, zärtlichsten Songs von Dylan. Sie könnte mit inzwischen sechsundsechzig Jahren Aphrodite spielen, und ich würde es ihr glauben. In ihre Filme gehe ich, wie ich mir bei Frost einen Schal umlege oder meine Rotznase putze.
Rache heißt, zwei Gräber auszuheben. Konfuzius kannte den Film nicht, aber er hätte im Kino das Atmen vergessen.

THREE BILLBOARDS OUTSIDE EBBING, MISSOURI
Regie: Martin McDonagh · Drehbuch: Martin McDonagh · Kamera: Ben Davis · Musik: Carter Burwell · Schnitt: Jon Gregory · Produktion: Graham Broadbent, Pete Czernin, Martin McDonagh

JAGD AUF ROTER OKTOBER

1990

Lange habe ich überlegt, ob ich diesen Film in das Buch aufnehmen soll. Es gibt gewiss noch fünfzig andere, die mich glücklich gemacht haben. Und die meisten wären künstlerisch von *Jagd auf Roter Oktober* weiter entfernt als Proxima Centauri von der Erde. Aber er musste es dann doch sein. Es ist eine einfache Geschichte, kein Bildergewitter, kein Werk, bei dem Cineasten Schnappatmung kriegen. Schnörkellos erzählt, ohne jeden Anspruch, in die Filmgeschichte einzugehen. Sean Connery spielt den Kapitän eines sowjetischen Atom-U-Bootes, der samt seinen Offizieren in die USA überlaufen will. Im Nordatlantik entspinnt sich ein maritimes Schachspiel mit der Roten Flotte, die den Auftrag hat, das Boot zu versenken.
Buch und Regie sind hier schlicht mustergültig. Um fliegen zu können, muss man wissen, warum die Luft uns trägt. Drehbuchschreiben hat etwas Formelhaftes. Ja, das hört sich schrecklich an. Ein

Film hat drei Akte, die in sogenannte Sequences unterteilt sind. Daran hat sich seit hundert Jahren nichts geändert. Bevor ich ins Kino gehe, gucke ich, welche Dauer der Film hat, und rechne hoch, wie lang der erste Akt sein darf. Beim ersten Plot Point schaue ich auf die Uhr. Dann weiß ich, ob es ein Reinfall wird oder nicht. Handwerk wird gern geringgeschätzt. Aber nur von denen, die es nicht beherrschen. Oft habe ich Angebote angenommen, Drehbücher von anderen Autoren umzuschreiben, weil eine Produzentin sie für nicht gelungen hielt. Meist stimmte es. Und immer war der Autor am Handwerk gescheitert. Manchmal haben Szenen oder Passagen mich berührt, gab es Dialoge, die vor Charme und Witz sprühten. Doch was nützt das, wenn es bloß Stückwerk bleibt? Bei einem Film wie *Roter Oktober* lehne ich mich in meinem Kinosessel zurück und genieße atemberaubend gutes Handwerk.

JAGD AUF ROTER OKTOBER (THE HUNT FOR RED OCTOBER)
Regie: John McTiernan · Drehbuch: Larry Ferguson, Donald Stewart · Literarische Vorlage: Tom Clancy · Kamera: Jan de Bont, Bob Carmichael · Musik: Basil Poledouris · Schnitt: Dennis Virkler, John Wright · Produktion: Mace Neufeld, Larry DeWaay, Jerry Sherlock

LOCAL HERO

1983

Ein texanischer Ölmanager wird von seiner Firma in ein schottisches Fischerdorf geschickt, um es mitsamt der Meeresbucht, an der es liegt, für den Bau einer Raffinerie aufzukaufen. In Texas meint man, leichtes Spiel mit ein paar Provinzdeppen zu haben, doch der Manager wird durchschaut und an der Nase herumgeführt. Wie ein schottisches Sprichwort sagt: »Die schönsten Vögel sind die schlechtesten Sänger.« Das alles ist so poetisch aufgeladen, dass es die Verfilmung eines Gedichts von Robert Burns sein könnte.
Ich liebe Filme über Menschen, die Glück haben. Vermutlich, weil ich davon selbst ein Lied singen kann. Als ich in den Achtzigern durch Amerika reiste, bin ich in der Nähe von El Paso, Texas drei Tage durch die Wüste gewandert und habe dort campiert. Morgens stand ich auf einem Felsen, genoss die flirrende Landschaft, ein Himmel wie gewelltes Glas. Ich hörte ein Geräusch, wandte

mich um, schaute an mir herab und sah den Kopf einer Klapperschlange unter meinem rechten Stiefelabsatz verschwinden. Die Klapper zuckte noch. Eine andere Art von Glück war es, meiner Frau zu begegnen, auf der Geburtstagsfeier einer Freundin, sie anzuschauen, eine Fremde, und zu wissen, dass wir uns nie mehr trennen werden.
In *Local Hero* geht es um das Glück, an einem Ort der Wunder zu leben. Zu erkennen, dass Profit keinen Zauber besitzt. Diesen einen Menschen zu finden.
Mark Knopfler lieferte die Musik, der Titelsong gehört zu seinen berauschendsten Arbeiten. Er ist einer meiner großen Gitarrenhelden. Im Sommer 1979 habe ich ihn beim Festival auf der Loreley mit den Dire Straits gesehen; danach gab ich das Gitarrespielen auf.
Wichtiger Hinweis: Wer nicht an Meerjungfrauen glaubt, braucht den Film nicht zu gucken.

LOCAL HERO
Regie: Bill Forsyth · Drehbuch: Bill Forsyth · Kamera: Chris Menges · Musik: Mark Knopfler · Schnitt: Michael Bradsell · Produktion: David Puttnam

MANCHE MÖGEN'S HEISS

1959

Zwei Musiker ziehen sich Fummel an und tauchen in einer Frauenkapelle unter, um vor der Mafia zu fliehen. Diesen Plot könnte man heute nicht mehr unfallfrei pitchen. Und doch ist es die ultimative Screwball-Komödie. Um zur Gänze zu würdigen, was Wilder und sein Stammdrehbuchautor I. A. L. Diamond geleistet haben, empfehle ich jedem, sich die deutsche Verfilmung des gleichen Stoffes von 1951 anzuschauen. Sie heißt *Fanfaren der Liebe*. Da lernt man beten.

Sehr, sehr wenige Menschen habe ich in meinem Leben beneidet. Die Queen darum, dass sie mit Churchill Tee trinken durfte. Hillary und Norgay um den Moment, in dem sie auf dem Everestgipfel die Brillen absetzten. Und Volker Schlöndorff um seine Freundschaft mit Billy Wilder. Der hatte ihm einen Brief aus Hollywood geschrieben und den Film *Die verlorene Ehre der Katharina Blum*, den Schlöndorff mit Margarethe von Trotta gemacht

hat, über den grünen Klee gelobt. Laut Wilder war es der beste deutsche Film seit *M* (worüber man streiten darf). Schlöndorff hat diesen Brief nicht beantwortet; wieso, habe ich nie herausgefunden. Schüchtern ist er nicht. Monate später kam ein Anruf aus dem Münchner Hotel Vier Jahreszeiten. Wilders Manager machte Schlöndorff am Telefon rund und fragte ihn, wie er bitte dazu käme, einen solchen Brief kommentarlos in die Schublade zu legen. Wilder sei gerade in München und erwarte eine Entschuldigung. Schlöndorff tanzte mit einer Schachtel Pralinen im Vier Jahreszeiten an und gab Pfötchen, aber Wilder nahm alles mit Humor. Wie auch sonst? Ich glaube, ich habe Schlöndorff mindestens zehn Mal gebeten, mir die Geschichte zu erzählen. Da bin ich wie ein Kind.
»Well, nobody's perfect.« Könnte der beste letzte Filmsatz aller Zeiten sein. So lautet übrigens auch die Grabinschrift von Billy Wilder.

MANCHE MÖGEN'S HEISS (SOME LIKE IT HOT)
Regie: Billy Wilder · Drehbuch: Billy Wilder, I.A.L. Diamond · Literarische Vorlage: Robert Thoeren, Michael Logan · Kamera: Charles Lang · Musik: Adolph Deutsch, Matty Malneck · Schnitt: Arthur P. Schmidt · Produktion: Billy Wilder, I.A.L. Diamond, Doane Harrison

SOMMER VORM BALKON

2005

Sie fragen nach dem Unterschied zwischen einem Drehbuch und einem Roman? Wie viel Zeit haben Sie? Aber sollte ich gezwungen sein, eine einzige Sache zu nennen, dann natürlich die Sprache. Die Action in Drehbüchern ist nüchtern, karg, auf das Wesentliche fokussiert. Dazu kommen technische Aspekte; Kameraeinstellungen, gewünschte Atmo, Regieanweisungen, sowas. Das ist weit, weit weg von einem Roman. Doch Drehbuchdialoge können Sprachkunst sein. Es ist nicht leicht, Menschen in Filmen so reden zu lassen, dass es sich anhört wie im Leben. Auch wenn's verrückt klingt: Um dieses Ziel zu erreichen, muss man eine Fantasiesprache verwenden, die den Zuschauern vorgaukelt, sie wäre echt. Achten Sie einmal darauf, wie man sich im Film am Telefon verabredet und das Gespräch dann beendet. Schließen Sie dabei die Augen und stellen Sie sich vor, das wären Sie. Da werden Sie staunen.

Sommer vorm Balkon spielt auf dem Prenzlauer Berg, wie er war, bevor die Gentrifizierung daraus ein Disneyland für Touristen und das Eldorado von Akademikern gemacht hat, deren Sprösslinge Luna, Janeiro oder Lafayette heißen. Der Film ist eine große Liebeserklärung von Andreas Dresen und Wolfgang Kohlhaase an ein soziokulturelles Feuchtbiotop, das cineastische Pendant zu einem in Amarettosoße schwimmenden Himbeereis mit Schirmchen.

In meiner Lieblingsszene meint die uralte Helene: »Mein Arsch kann sich immer noch sehen lassen.« Und ihre Betreuerin Nike gibt zurück: »Da hast du deinen Arsch aber lange nicht mehr angeguckt.« Das sind Kohlhaase-Dialoge vom Feinsten. Er war dreiundsiebzig, als er das Drehbuch verfasste, so verwegen und kackfrech, als wäre er ein junger Wilder, der mit links die alte Drehbuchgarde vom Feld fegen will. Ein fantastischer Autor.

SOMMER VORM BALKON

Regie: Andreas Dresen • Drehbuch: Wolfgang Kohlhaase • Kamera: Andreas Höfer • Musik: Pascal Comelade • Schnitt: Jörg Hauschild • Produktion: Peter Rommel, Stefan Arndt

DER PATE – TEIL II

1974

Fraglos war schon der erste Teil ein Meisterwerk. Aber die Fortsetzung besitzt noch ein paar Karat mehr. Kain und Abel Corleone, Michaels Reise in den Wahnsinn. Die Montagesequenz, in der Don Fanucci, der unantastbar erscheinende Pate von Little Italy, von Vito ermordet wird, sollte man in Tablettenform an Drehbuch- und Regiestudenten austeilen. Und Diane Keaton als Kay: Ich bin nicht ihr größter Fan, sie ist mir als Schauspielerin oft zu gefühlig. Aber die Szene, in der sie ihren Mann anschreit, dass ihre Ehe eine einzige Abtreibung war, macht mich jedes Mal fertig.
Die Vorstellung, an die ich immer denken muss, wenn ich den Film sehe, war 1990 kurz nach der Wende im Berliner Yorck-Kino. Ich ging mit einem Ost-Berliner Freund und dessen Nachbarn hinein. Für mich war es das gefühlt zwanzigste Mal, für die beiden jedoch eine Premiere. Ich mochte den Nachbarn meines Freundes. Er hieß Lutz und war

Maler. Wochen zuvor waren wir in seinem Atelier zu Besuch gewesen. Seine Bilder besaßen Poesie und Anmut. Nach dem Film tranken wir noch was in der Bar Centrale, einem der wenigen wahren Orte des seligen West-Berlins, die sich über die Zeiten retten konnten. Wenn ich heute dort bin, kommt es mir vor, als wäre ich wieder Anfang zwanzig, ein Zimmer mit Kohleofen im Wedding. Zu schade, dass ein Lebensgefühl nicht UNESCO-Weltkulturerbe werden kann.
Zwei Wochen nach dem Kinobesuch war Lutz tot. Mein Freund erzählte, dass er im Prenzlauer Berg auf sein Etagenklo im dritten Stock gegangen war, dort die Zeitung aufgeschlagen hatte und mitsamt der Kloschüssel bis ins Erdgeschoss fiel. Im *Paten* hatte Lutz Lee Strasberg (Hyman Roth) am besten gefallen. Wie mir, klar. Strasberg zeigt Al Pacino – meinem Lieblingsschauspieler –, weshalb er der Lehrer und Pacino der Schüler war.

DER PATE – TEIL II (THE GODFATHER PART II)
Regie: Francis Ford Coppola · Drehbuch: Mario Puzo, Francis Ford Coppola · Literarische Vorlage: Mario Puzo · Kamera: Gordon Willis · Musik: Nino Rota, Carmine Coppola · Schnitt: Barry Malkin, Richard Marks, Peter Zinner · Produktion: Francis Ford Coppola

DAS APPARTEMENT

1960

Bud Baxter ist eine Ameise in einem New Yorker Versicherungskonzern, einer jener unsichtbaren Menschen, durch die wir im wirklichen Leben so gern hindurchsehen, während wir gerade diese Charaktere im Kino lieben. Das hat auf der Liste meiner Mysterien des Films einen sicheren Platz in den Top Ten. Obwohl, jetzt wo ich darüber nachdenke: Es könnte damit zu tun haben, dass die Helden in Filmen jene Reise machen, die den meisten von uns in der Wirklichkeit verwehrt bleibt. Am Ende fügt sich auf der Leinwand alles; davon dürfen wir träumen.
Jack Lemmon alias Bud Baxter hat den Traum, in seinem Versicherungskonzern aufzusteigen, doch noch viel mehr träumt er von Fran Kubelik, der Fahrstuhlführerin, gespielt von Shirley MacLaine. Dummerweise liebt sie Buds Vorgesetzten, den aalglatten, verheirateten Mr. Sheldrake, der ihr so guttut wie Licht einem Negativ. Er stellt Bud eine

Beförderung in Aussicht und bekommt dafür den Schlüssel zu dessen Junggesellenappartement, um es für Sex mit Miss Kubelik zu nutzen. Wilder hat sich hartnäckig dagegen verwahrt, diesen Film als Komödie zu sehen. Ich stimme ihm zu. Fran macht einen Suizidversuch mit Tabletten, ausgerechnet in Buds Wohnung, wird von ihm gerettet, gepflegt, ins Leben zurückgebracht, nur um ihn erneut zu demütigen und zu verraten. Es ist das unendlich Zerbrechliche im Spiel von Shirley MacLaine, ihr Gesicht, in dem ihr ganzes Unglück sich spiegelt, das uns davor bewahrt, diese Frau zu verachten. Unser Herz gehört jedoch Bud. Wie Lemmon ihn spielt: Das hätte kein anderer gekonnt.
Ich sagte es schon am Beispiel von *Garp*: Bei allen großen Erzählungen entscheidet sich erst in den letzten Sekunden, ob sie zum Weinen oder zum Lachen sind. *Das Appartement* ist eine Tragödie. Aber schöner war kein Happy End ever.

DAS APPARTEMENT (THE APARTMENT)
Regie: Billy Wilder · Drehbuch: Billy Wilder, I. A. L. Diamond · Kamera: Joseph LaShelle · Musik: Adolph Deutsch, John Reading · Schnitt: Daniel Mandell · Produktion: I. A. L. Diamond, Doane Harrison, Billy Wilder

ERIN BROCKOVICH

2000

Die Wenigsten, die diesen Film kennen, würden auf die Frage, was ihnen als Erstes dazu einfällt, antworten: die Recherche. Ich schon. Ich weiß genau, wie anspruchsvoll es ist, einen komplexen Hintergrund so einfach und klar zu erzählen, dass man es als einleuchtend, ja spannend empfindet. In diesem Film geht es um einen Umweltskandal. Eine Fabrik in Kalifornien entsorgt Chemikalien heimlich, sodass sie das Grundwasser verseuchen und bei den Menschen in der Umgebung Krebs erzeugen. So simpel lässt es sich zusammenfassen, und viel komplizierter wird es in *Erin Brockovich* auch nicht erklärt. Bis dahin ist es jedoch für einen Autor ein weiter Weg. Meine Arbeiten sind immer sehr rechercheaufwendig. Manchmal fluche ich darüber, aber in Wahrheit liebe ich es. Es war mir im Laufe vieler Jahre vergönnt, in eine Fülle von Lebenswelten eintauchen zu dürfen, die mir sonst verschlossen geblieben wären. Jeder Mensch ist

ein Experte für eine, vielleicht zwei Sachen. Auch ich. Aber ich weiß über vieles etwas. Sie dürfen mich bei einem Abendessen neben eine Polizistin, eine Hirnchirurgin, einen Feuerwehrmann und eine Astrophysikerin setzen, und mir gegenüber wären vielleicht eine Strafverteidigerin und ein Postbote platziert. Mit jedem von ihnen könnte ich mich so unterhalten, dass die Person mich nach einer Weile fragen würde: »Sind Sie vom Fach?« Immer weiter lernen zu dürfen, das empfinde ich als Glück.
Und *Erin Brockovich*: Sofort sehe ich das Gesicht von Julia Roberts, wenn Erin nachts total gestresst heimfährt und von ihrem Freund George erfährt, dass ihre Tochter zum ersten Mal »Ball« gesagt hat. Wie könnte man da schneiden? Die Kamera blendet ganz langsam aus, sodass wir Zeit haben, Erins Tränen auf der dunklen Leinwand zu ahnen, ihr stummes Schluchzen.

ERIN BROCKOVICH

Regie: Steven Soderbergh • Drehbuch: Susannah Grant • Kamera: Edward Lachman • Musik: Thomas Newman • Schnitt: Anne V. Coates • Produktion: Danny DeVito, Michael Shamberg, Stacey Sher

ERBARMUNGSLOS

1992

Eastwood, Hackman, Freeman, Richard Harris. Es gibt Besetzungen, die sind ein No-Brainer. Clint Eastwood besaß die Stoffrechte schon seit über sechzehn Jahren, als er sich mit zweiundsechzig alt genug fühlte, William Munny spielen zu können, einen Mann, über den gesagt wird, dass er einmal zum Fürchten war, ein Mörder von Frauen und Kindern. Ob das wahr ist, weiß er selbst nicht, denn der größte Teil seines Lebens ist in einem Suffnebel verschwunden. Als Munny ganz unten ist, ein abgehalfterter Schweinezüchter, der kaum seine Hosen festhalten kann, hört er, dass Huren aus einem Kaff namens Big Whiskey ein Blutgeld von tausend Dollar auf die Männer aussetzen, die eine der ihren blutig geschlagen und verstümmelt haben. Vielleicht steigt Munny aufs Pferd, um sich selbst zu beweisen, dass er noch nicht am Ende ist; vielleicht auch, weil er glaubt, dass seine Seele gerettet werden kann, wenn er ein Mal im Leben

etwas Gutes tut; vielleicht auch nur, weil er etwas Besseres als den Tod überall findet. Sicher ist: Am Schluss tritt er bei strömendem Regen, unter Blitz und Donner mit einer Schrotflinte in den Saloon, wo die Männer sind, die seinen Freund ermordet haben, ein Racheengel wie aus einem Bibelpsalm.
»Es ist wahr. Ich habe Frauen und Kinder getötet und ne Menge andere, die mir zur unrechten Zeit vor den Lauf gekommen sind«, sagt er.
Man glaubt ihm jedes Wort.
Eastwoods Regiearbeiten sind minimalistisch, bei ihm kommt die Kamera immer auf den Punkt. Er ist der vielleicht ökonomischste Erzähler von allen Regisseuren. Selten passiert es, dass er einen Take drei Mal wiederholen lässt. Schlicht, weil er weiß, was er kann, und seinen Schauspielern vertraut.
Mit diesem Film zertrümmert Clint Eastwood alle Westernmythen und erschafft sie neu. Einfach nur wow zu sagen, wäre nicht genug.

ERBARMUNGSLOS (UNFORGIVEN)
Regie: Clint Eastwood · Drehbuch: David Webb Peoples · Kamera: Jack N. Green · Musik: Lennie Niehaus, Clint Eastwood · Schnitt: Joel Cox · Produktion: Clint Eastwood

SHINE

1996

Der Film erzählt die Geschichte des australischen Pianisten David Helfgott, der an seinem Übervater zu zerbrechen droht, sich qualvoll von ihm löst, eine Odyssee durch psychiatrische Einrichtungen antritt und am Schluss durch die Liebe zu einer Astrologin gesundet. Heidewitzka, könnte der ein oder andere sagen, der *Shine* nicht kennt. Möchte man sich danach erschießen?
Au contraire. Jedes Kunstwerk sollte als höchstes Ziel haben, Mut zu machen. Sei es ein Roman, ein Film, ein Gemälde oder ein Song. Und *Shine* macht so viel Mut, dass ich die Welt umarmen wollte, als ich aus dem Kino kam.
Eltern und Kinder, ein großes Thema für mich; es steht im Zentrum von jedem meiner Romane und auch der meisten Filme, die ich geschrieben habe. Wie bringt man den Eltern bei, dass man anders ist, als sie es erwartet oder erhofft haben? Bei mir war es so: Ich bin mit Ach und Krach durchs Abi

gerutscht und studierte Theologie, um Bildung zu erwerben. Meine Eltern wussten nicht, dass ich ein stabiler Agnostiker war; sie platzten vor Stolz. Ihr Sohn, bald ein Pfarrer. In einem kleinen Dorf wie unserem kam das gleich nach dem Metzger. Als ich das Studium abbrach und erklärte, dass ich Autor werden wolle, sahen sie mich schon unter einer Brücke leben. Es brauchte eine Reihe von Jahren, aber dann kamen erste kleine Erfolge. Und nach und nach größere. Meinen Eltern erzählte ich nichts davon; das ließ mein Stolz nicht zu. Und sie fragten nicht, wovon ich in Berlin lebte, aus Angst vor der Antwort. An einem Sommertag war ich zu Besuch bei ihnen, es gab den Sonntagsbraten. Das Telefon klingelte, meine Mutter nahm in der Diele ab. Sie kam zurück, kreidebleich. »Götz George ist am Telefon«, meinte sie. Ich bat sie, ihm zu sagen, dass ich zurückrufe. Mein Vater legte das Besteck weg und sagte: »Erzähl mal, was du so machst.«

SHINE

Regie: Scott Hicks • Drehbuch: Scott Hicks, Jan Sardi • Kamera: Geoffrey Simpson • Musik: David Hirschfelder • Schnitt: Pip Karmel • Produktion: Jane Scott

ZITAT- UND LITERATURNACHWEISE

S. 5: Bob Dylan: *Restless Farewell*. Musik und Text: Bob Dylan. © Special Rider Music. Mit freundlicher Genehmigung von Sony Music Publishing (Germany) GmbH

S. 23: Truman Capote: *Die Grasharfe*. Aus dem Amerikanischen von Annemarie Seidel und Friedrich Podszus. © Suhrkamp Verlag Frankfurt am Main 1952. Alle Rechte bei und vorbehalten durch Suhrkamp Verlag Berlin.

S. 46: Muddy Waters: *Mannish Boy*. Music & lyrics: Muddy Waters. © Watertoons Music. Mit freundlicher Genehmigung von Sony Music Publishing (Germany) GmbH

S. 81: Naomi Wolf: *Avatar und die Imperialpolitik*, online erschienen am 29. Januar 2010 bei *Project Syndicate*: https://www.project-syndicate.org/commentary/avatar-and-empire/german

S. 145: Preston Sturges: *Preston Sturges on Preston Sturges*. Herausgegeben von Sandy Sturges. Faber & Faber, London 1991.

DER AUTOR

ANDREAS PFLÜGER wurde 1957 in Thüringen geboren, wuchs im Saarland auf und lebt seit langen Jahren in Berlin. Sein Werk wurde vielfach mit Preisen bedacht; seine literarisch anspruchsvollen Thriller erklimmen die Bestsellerlisten. Obendrein gehört Pflüger zu den profiliertesten Drehbuchautoren Deutschlands – er hat allein siebenundzwanzig *Tatorte* verfasst, mit Murmel Clausen den *Tatort Weimar* erfunden und war bei den international vielbeachteten Filmen *Der neunte Tag* und *Strajk* von Volker Schlöndorff verantwortlich für das Drehbuch. Pflüger hat niemals eine Schreibschule besucht, brach sein Studium der Philosophie und der Theologie ab und arbeitete zeitweise als Koch, Taxifahrer und Möbelverkäufer.